성숙의 최고봉

성숙의 최고봉

조봉희 지음

교회성장연구소

CONTENTS

삶으로 사랑을 실천하는 그리스도인

성숙의 최고봉을 이루는 그리스도인

프롤로그

기독교의 본질은 명사가 아닌, 동사신앙이다. 실천이다. 믿음을 행동
화하는 것이다. 실행의 사람인 야고보는 행함을 강조한다. 우리가 실천
적 믿음으로 살아야 성숙을 이룬다고 피력한다. 이론은 정지 상태일 뿐
이다. 실행해야 성장한다. 어린아이는 걸음마를 교과서로 배우지 않는
다. 넘어지고 일어서고를 수없이 반복하는 실습으로 터득한다. 신앙의
성숙은 체득을 통해서만 가능하다. 미숙해도 실천하는 만큼 성장한다.
그래서 야고보서는 신약성경의 잠언이다. 예수님의 산상설교 실습편이
다. 현실적 신앙생활의 실천 지침으로 우리를 '성숙의 최고봉summit'으로
안내해 준다.

그런데 익숙이 성숙을 가로막을 수 있다. 신앙생활의 연륜이 쌓여갈수
록 익숙에 멈추는 위험이 있다. 교회생활에 익숙해지다 보면 스스로 속을
수 있다. 마치 자신은 성숙의 단계에 올라선 것으로 착각하고 살아간다.
그래서 교회의 리더 자리에 있는 자일수록 오히려 성숙이 멈추는 부작용
을 초래한다. 익숙이 성숙을 가로막는 것이다. 익숙이라는 만성적 영혼
의 질병이 성숙의 발목을 잡아 정상에 오르지 못하게 한다. 성숙에 중퇴

자가 되고 만다. 진보가 아닌 퇴보로 갈 수도 있다. 형식적 신앙생활에 익숙하다 보니 가장 변하지 않는 자가 될 수 있다. 결국 영적인 성인아이로 전락하고 만다. 조심해야 한다. 사도 바울의 고백처럼 날마다 자기를 쳐서 복종시키며, 성숙으로 길들여 가야 한다.

성숙은 예수님을 닮아가도록 잘 다듬어지는 것이다. 예수님을 따르는 삶에 익숙해지는 것이 성숙이다. 이런 맥락에서 야고보는 우리에게 예수님을 표상으로 제시한다. 우리도 그분처럼 하나님의 성품을 닮은 '성숙의 최고봉summit'에 오르자고 한다. 야고보의 성숙론은 단순명료하다. 예수님을 닮아가는 길만이 성숙의 기본이다. 정도다. 기독교가 말하는 성숙은 좋은 성품 갖추기를 능가한다. 예수님을 본받아가는 것이 성숙의 본질이다. 예수님의 인격과 영성을 내 인격으로 체화시키는 것이다. 한마디로 예수님을 닮아가는 것이 진정한 성숙이다.

그래서 야고보서는 빈 마음의 영성으로 살아가기, 혹독한 시련도 잘 이겨내는 합격 인생 살기, 성령의 기름 부으심이 있는 언어생활, 사람을 세워주기, 돈까지도 성화시키는 영적 성숙을 목표로 한다. 또한 견딤과 인내의 성자로 살아가며, 몸이 병든 자와 탈선한 영혼까지도 살아나게 하는 중보기도자로 헌신하는 만큼 '성숙의 최고봉-summit'에 오르도록 해 준다. 따라서 야고보서는 자가와 부활의 정상에 올라서신 예수님을 그대로 본받아 살게 해 준다. 예수님을 닮게 하는 삶의 교본이다.

'성숙의 최고봉-summit' 얼마나 가슴 설레는가? 누구든지 그 정상에 올라서면 좋겠다. 그리고 오를만하다. 예수님처럼 낮은 자리 마음과 엎드리는 기도생활을 실천하는 만큼 차근차근 성숙해져 간다. 예수님의 주되심Lordship을 따라 '성숙의 정상summit'에 오를 수 있다.

무엇보다도 우리가 거듭난 신자, 그 속에 생명의 신비를 가진 자라면, 오직 그분의 은혜로 날마다 '성숙의 최고봉-summit'을 향해 살아가게 된다. 성령님이 내면에서 도와주시는 덕분으로 가능하다. 따라서 성숙은 힘든 고행이 아니다. 즐거운 여행, 행복한 순례자로 살아가는 원동력이다. 성숙의 여정은 예수님과 동행하며 닮아가는 신비한 체험현장이다.

예수님과 함께하는 만큼 그대로 닮아간다. 이것이 성숙의 기본이다. 예수님처럼 살고, 그분을 닮아가는 것이 '성숙의 최고봉summit'에 오르는 정도다. 이 책은 당신을 그 길로 안내해주는 내비게이션이 될 것이다. 야고보서는 십자가와 부활의 복음 실천편이기 때문이다.

이번에도 이 책을 멋지게 만들어주신 교회성장연구소 홍영기 소장님을 비롯하여 김미현 실장님과 출판팀, 지구촌교회 목회동지 윤영석 목사와 박미혜 실장에게 큰 감사를 드린다. 다시 한번 용감하게 말해 본다. 이 책이 비록 졸저이지만, 그래도 당신을 '성숙의 정상'에 오르게 해줄 것이다. 기대를 하고 읽으며 적용해 보자. 명사신앙이 아닌, 동시신앙으로 실천해 보자. 당신도 십자가의 고통 중에서도 아가페 사랑으로 중보기도하시는 예수님처럼 '성숙의 최고봉summit'에 올라서는 행복한 승리자로 살아갈 것이다.

이 땅에 머물고 있는 이주민과 통일민을 섬기는

선교목사 조봉희

PART 1

영적으로
다듬어져 가는
그리스도인

1 하나님과 주 예수의 종인 나 야고보는, 다가올 그 나라를 바라보며 이 땅에서 뿔뿔이 흩어져 살아가는 열두 지파에게 편지합니다. 평안하신지요! 2 친구 여러분, 시험과 도전이 사방에서 여러분에게 닥쳐올 때, 그것을 더할 나위 없는 선물로 여기십시오. 3 여러분도 알다시피, 시련을 겪을수록 여러분의 믿음생활은 훤히 그 실체가 드러날 것입니다. 그러니 성급하게 시련에서 벗어나려고 하지 마십시오. 4 시련을 충분히 참고 견디십시오. 그러면 여러분은 성숙하고 잘 다듬어진 사람, 어느 모로 보나 부족함이 없는 사람이 될 것입니다.

SUMMIT OF MATURITY

잘
다듬어진
성숙

―――――― 요즘 젊은 층들의 결혼이 늦어지고 있습니다. 여러 면에서 안타까운 현실이 아닐 수 없습니다. 사람의 몸은 25세까지 성장하다가 멈춥니다. 35세 이후부터는 신체가 진화하지 않고, 퇴화하기 시작합니다. 이후 40대부터는 퇴화를 넘어 노화로 진입합니다. 하지만 사람의 몸은 어쩔 수 없이 늙어간다고 해도, 마음과 성품은 아름답게 익어갈 수 있습니다. 이것이 성숙의 본질입니다.

이와 관련하여, 인간에게 가장 큰 문제로 드러나고 있는 것이 성인아이 현상입니다. 성인아이 현상이란, 나이는 어른인데 행동은 어린아이 수준을 벗어나지 못하고 있는 상태를 말합니다. 소위 미성숙한 성인 상태라고도 할 수 있습니다. 여기서 우리가 알아야 할 것은 어린아이 시절에 받았던 영향과 상처가 우리를 성인아이로 살아가게 한다는 것입니다. 그런 면에서 훌륭한 심리학자 휴 미실다인W. Hugh Missildine 박사는 성인 아이를 '우리 안에 존재하는 과거의 어린아이'라고 명명하기도 합니다. 이와 같은 내용을 종합했을 때, 성인아이 현상이란 한마디로 과거의 사건에 발목이 잡혀서 성숙을 멈춘 상태를 의미한다고 볼 수 있습니다.

　여기서 우리가 바로 이해해야 할 것은 성숙이며, 성숙에 대한 바른 이해를 위해 이와 관련된 오해부터 규명해 볼 필요가 있습니다.

　첫째, 성숙은 나이age가 아닙니다. 성숙은 얼마나 오랫동안 살았고, 얼마나 오랫동안 신앙생활을 했느냐와 무관할 수 있습니다. 인생 나이와 신앙의 경력에 반비례로, 성숙하지 못할 수 있습니다. 그런 차원에서 기성세대가 '라떼'라는 명목으로 꼰대 역할을 하는 것도 지양할 필요가 있습니다. 그들의 나이가 성숙과 직결되지는 않기 때문입니다.

　둘째, 성숙은 외형appearance이 아닙니다. 신앙적 성숙은 겉모양만으로 드러나는 거룩이 아닙니다. 실제로 어떤 직함이나 직분이 화려한데도 미성숙에 머무는 경우가 있습니다.

　셋째, 성숙은 성취achievement가 아닙니다. 오히려 성공과 성숙은 전혀 별개의 개념이라고도 볼 수 있습니다.

　넷째, 성숙은 학력academics도 아닙니다. 교육이나 지식수준, 학벌이나 학위가 성숙을 가져다주는 것은 아닙니다.

하나님은 우리가 진정한 성숙, 전인적으로 잘 다듬어진 성숙으로 나아가라고 요청하십니다. 우리가 예수 그리스도를 믿고 따르는 자라면 그분을 닮아가는 성숙으로 나아가야 합니다.

야고보서는 성숙을 위한 청사진을 보여 줍니다. 그것이 성숙 지침서입니다. 야고보 자신이 뒤늦게 예수님을 믿은 늦깎이기에 더욱 성숙을 위해 힘썼습니다. 이에 그는 성숙에 관한 이론적인 접근이 아닌, 자신의 체험을 근거로 잘 다듬어진 성숙 가이드라인을 제공합니다.

그만큼 야고보서는 실천적 지식을 가르쳐 줍니다. 생활에 적용되는 진리를 가르쳐 주고 있습니다. 추상적 경건이 아닌 종교적 현실성을 강조하며, 품격 안에서 실현되는 신조를 가르쳐 줍니다. 야고보는 성숙이라는 말을 매 장에서 다섯 번이나 언급하기도 합니다. 특히 믿음과 행위, 신앙과 생활의 일치를 피력합니다.

이렇듯 우리는 야고보서를 통해 어떻게 하면 잘 다듬어진 성숙을 이루어 갈 수 있을까요?

1. 시련을 성숙의 기회로 활용하자

기독교 초기 그리스도인들은 신앙적 박해 때문에 여러 지역으로 삼삼오오 뿔뿔이 흩어져 살아야 했습니다. 그러다 보니 한 가지 병리적 현상이 나타났습니다. 신앙의 기초는 잘 배웠으나, 성숙을 제대로 이루어 가지 못하고 있었습니다. 특히 신앙생활은 그런대로 하고 있는데, 영적으로 미숙함의 수준을 능가하지 못하고 있었습니다. 이런 상황에서 야고보는 성숙을 위한 지침서를 썼습니다. 어쩌면 야고보서는 예수님의 산상설교 실제편이라고도 할 수 있습니다.

야고보서가 강조하는 것은 말하는 만큼 살며, 믿는 만큼 실천하는 것입니다. 이렇게 외치는 야고보는 신약시대의 아모스이자, 2세기의 세례요한이라고 할 수 있습니다.

> "친구 여러분, 시험과 도전이 사방에서 여러분에게 닥쳐올 때, 그것을 더할 나위 없는 선물로 여기십시오. 여러분도 알다시피, 시련을 겪을수록 여러분의 믿음생활은 훤히 그 실체가 드러날 것입니다."
> _야고보서 1:1-2(메시지성경)

기독교 초기 성도들은 신앙적 박해 때문에 여러 곳으로 흩어져 살다 보니 갖가지 시험을 겪었습니다. 낯선 환경에서 예측할 수 없는 다양한 시련을 감내하며 살아야 했습니다. 생활환경의 불안정, 인간관계의 상처, 정서적 불안, 자녀교육 문제, 일터에서의 해고, 경제적 어려움 등으로 온갖 시련을 겪었습니다. "여러분이 여러 가지 시험을 만나거든"이라는 표현은 시험이 아무런 예고도 없이 뜻밖의 사건으로 찾아온다는 것을 의미합니다. 또한 "여러 가지 시험"이라는 말은 다양한 색깔multi colored로 얼룩진 상태를 말합니다. 물론 사람마다 시련의 기간이나 강도가 다릅니다. 천차만별입니다. 중요한 사실은, 이 세상에서 아무런 문제없이 사는 사람은 아무도 없다는 사실입니다.

> "여러분도 알다시피, 시련을 겪을수록 여러분의 믿음생활은 훤히
> 그 실체가 드러날 것입니다." _야고보서 1:2(메시지성경)

사람은 여러 가지 힘든 시련의 과정을 통해 성품이 다듬어지고 인격이 성숙해지는 경험을 합니다. 그래서 성경은 여러 가지 시련을 선물로 여기라고 역설적으로 말합니다.

훌륭한 미술 작품일수록 다양하게 채색되어 있습니다. 잡초 속에 핀 장미꽃이나, 가시밭에 핀 백합화가 아름다운 이유도 모진 고난 속에서도 고고하게 서 있기 때문입니다. 바이올린 또한 미국 로키산맥에서 잘

라 온 나무로 만든 것이 최상품이라고 합니다. 1만 2천 피트나 되는 고산지대에서 강한 추위와 모진 찬바람을 견딘 그 나무에서 나오는 소리가 아름답기 때문입니다.

성도의 시련은 재수 없는 고생이 아닙니다. 하나님께서 나의 성품을 잘 다듬어서 성숙시켜주시는 제련과정입니다. 분명 혹독한 연단은 나를 사람답게 만들어 줍니다. 스페인 속담처럼 "돌이 많은 시내가 아름다운 노래를 만듭니다." 그러므로 좀 더 적극적인 기도를 해도 좋을 것입니다. "주님, 좀 더 가벼운 짐이 아니라, 좀 더 강한 등을 주옵소서_{필립스 브룩스,} _{Philips Brooks.}"

누군가가 이런 인생지침을 언급한 적이 있습니다. "인생이 너에게 레몬을 주거든 레몬차를 만들라." 우리가 살아가는 과정에서 레몬처럼 신맛의 어려움을 당하더라도 향기로운 레몬차로 변형시켜서 성숙함으로 나아가라는 메시지입니다. 고난 역시 성숙한 영성을 만들어 줍니다. 시련의 과정은 아름다운 영성으로 잘 다듬어지는 기회가 됩니다.

"너희가 이제 여러 가지 시험으로 말미암아 잠깐 근심하게 되지 않을
수 없으나 오히려 크게 기뻐하는도다"_베드로전서 1:6(개역개정)

베드로 사도도, 우리가 여러 가지 시련을 당하거든 크게 기뻐하라고
격려합니다. 왜냐하면 그 다양한 시련들이 우리의 믿음을 확고부동하게
해 주며, 주님 오실 때 칭찬과 영광을 받을 자격자가 되게 해 주기 때문입
니다벧전 1:6-7.

2. 인내로 성숙을 잘 다듬어 가자

"시련을 충분히 참고 견디십시오. 그러면 여러분은 성숙하고 잘 다듬
어진 사람, 어느 모로 보나 부족함이 없는 사람이 될 것입니다."

_야고보서 1:4(메시지성경)

한 사람의 견습공이 기술을 완전히 연마하여 결격 사유가 없는 도제
가 되기까지는 적극적인 인내가 필요합니다. 우리가 잘 참고 인내하는
만큼 성숙해집니다. 누구나 공감하듯이 우리가 견디는 만큼 잘 다듬어
지고, 잘 갖추어진 자가 됩니다. 사물이나 사람, 모두 시련을 잘 견디는
만큼 고결하게 다듬어집니다. 품격이 향상됩니다. '부족함이 없는 사람'
이라는 표현은 완전무결完全無缺한 자를 뜻하는 것이 아닙니다. 원래 이
단어는 도자기를 만드는 도예가가 사용하는 단어인데, 합격품이라는 것
을 의미합니다. 곧 우리는 인생에서 산전수전을 통해 잘 다듬어진 성품

으로 빚어져 갑니다.

　야고보서는 전체 다섯 장을 통하여 미성숙한 신자로 뒤처지는 원인을 명확하게 진단해 줍니다. 그리고 동시에 우리가 성숙함에 도달할 수 있는 실제적 처방전을 줍니다.

　구체적으로 살펴보면, 1장은 '성급함이 인격을 성숙하지 못하게 한다'라는 전제 하에 '충분히 인내하며 잘 견디라'는 처방을, 2장은 '행함이 없는 신앙이 성숙하지 못하게 한다'라는 전제 하에 '믿음과 행함, 즉 신행일치를 이루라'는 처방을, 3장은 '혀를 조심하지 못함이 성숙하지 못하게 한다'라는 전제 하에 '말하기를 더디 하며, 혀를 다스리라'는 처방을 전해줍니다. 또한 4장은 '시기심이 인격을 성숙하지 못하게 한다'라는 전제 하에 '마귀를 대적하고, 하나님을 가까이 하라'는 처방을, 5장은 '물질에 대한 욕심이 성숙하지 못하게 한다'라는 전제 하에 '종말론적 신앙으로 주님의 재림을 대비하라'는 처방전을 줍니다.

　우리는 어떤 현상에 대해 너무 쉽게 속단하지 말아야 합니다. 분명 조금만 더 참고 견디다 보면 순조롭게 풀리는 경우들이 많습니다. 실타래를 풀 때 조금만 침착하면 스르르 풀릴 일들이 생기는 것입니다. 대부분의 일들이 끝날 때까지 끝난 게 아닙니다. 야구 경기처럼 9회 말까지 묵묵히 기다려 보아야 합니다.

현대인들의 결정적인 약점 중 하나는 오래 참거나 견디지 못하는 조급함입니다. 많은 사람이 성급합니다. 지구력이 매우 부족합니다. 성경이 강조하는 인내는 견디는 사랑enduring love입니다. 헨리 드러먼드Henry Drummond라는 신학자는 "사랑은 기다려 준다"라고 정의합니다. 하나님께서 우리를 기다려 주시며 오래 참아주시듯이 우리는 사랑하는 만큼 인내할 수 있습니다. 성령님이 맺어주시는 인격적 열매 중 하나도 '오래 참음long-suffering'입니다. 이것은 힘든 상황에서도 잘 견디게 하시는 성품의 영성입니다.

> "사랑은 오래 참고 사랑은 온유하며 시기하지 아니하며 사랑은 자랑하지 아니하며 교만하지 아니하며 … 모든 것을 참으며 모든 것을 믿으며 모든 것을 바라며 모든 것을 견디느니라"
>
> _고린도전서 13:4, 7(개역개정)

언젠가 횡단보도 옆에 있는 이런 경고문을 읽으며 깊이 생각해 본 바가 있습니다. "5분 먼저 가려다가 50년 먼저 간다." 옳은 얘기입니다. 리처드 호프만R. Hoffman이라는 보험 사업가는 이런 좋은 충고를 합니다. "현대 문명에는 인간을 살해하는 세 가지 요인이 있는데, 그것은 심장병도 아니고 암도 아니고 교통사고도 아니다. 그 세 가지는 바로 달력이요, 전화요, 시계다." 달력과 전화와 시계만 쳐다보다가 서두른 탓으로 망한 사람들이 얼마나 많은지를 생각해 볼 필요가 있습니다.

우리는 묵묵히 주님의 때를 기다리는 인내가 필요합니다. 주님은 결코 늦는 법이 없습니다. 그 사실을 날마다 기억한다면 성령님의 은혜를 힘입어 인내와 견딤의 승리자가 될 수 있습니다.

3. 기도로 성숙을 완성해 가자

야고보는 예수님의 첫 번째 동생이었습니다. 성경은 예수님의 가족들을 소개할 때 언제나 야고보의 이름을 맨 앞에 소개합니다.

"그 형제들은 야고보, 요셉, 시몬, 유다라 하지 않느냐"

_마태복음 13:55(개역개정)

야고보는 예수님 생전에는 예수님을 구주와 메시아로 믿지 않았습니다 요 7:5. 심지어 예수님을 미쳤다고 핍박하기까지 했습니다. 그러나 예수님께서 십자가에 죽으신 후에는 예수님을 구주로 믿었습니다. 예수님 생전에는 비판적이고 냉소적인 그였으나, 부활하신 주님을 만난 후 완전히 새로운 사람이 되었습니다.

"메시아예수께서 우리 죄를 위해 죽으시고 무덤에 묻히시고 사흘째 되는 날에 다시 살아나셔서, 베드로에게 생생히 나타나시고, 가장 가까운 제자들에게 나타나셨습니다. 그 후에 그분께서는 한번에 오백 명이 넘는 제자들에게 나타나셨는데, … 그분께서 자기를 대변하도록 세우신 야고보와 나머지 사도들에게 나타나셨습니다."

_고린도전서 15:3-7(메시지성경)

야고보는 부활하신 예수님을 만난 후 사람이 달라졌습니다. 살아계신 주님을 만나므로 완전히 바뀌었습니다. 마가 다락방에서 믿음의 선배들과 함께 기도하다가 오순절 성령 체험을 하기도 했습니다. 이후 그는 예루살렘 교회의 기둥 같은 지도자가 되었고^{행 12:7; 갈 1:19, 2:9}, 그로부터 14년 후 야고보는 기독교의 최고봉 리더로 활약했습니다^{행 15:13, 21:18}. 더 나아가 그는 신약성경의 첫 번째 책인 야고보서를 저술했고 위대한 순교자로 인생을 마감했습니다^{A. D. 62년경}. 역사 기록에 의하면, 야고보는 당시 예루살렘의 제사장 안나스에 의해 순교했습니다. 그때 그는 죽어가면서도 예수님처럼 기도하면서 순교했다고 합니다. "주여! 저들의 죄를 용서하여 주옵소서."

야고보는 예수님 말씀대로 나중 된 자가 먼저 되고, 뒤진 자가 앞서는 표본을 보여 줍니다. 어떻게 이런 인생 반전, 위대한 반전great reversal을 이룰 수 있었을까요? 그는 오직 기도로 잘 다듬어진 성숙, 고결한 성숙을 이룬 것입니다. 그는 예수님을 믿는 첫 순간부터 기도에 주력했습니다. 그는 믿자마자 기도하기 시작했습니다. 예수님을 만난 지 며칠 안 되었는데, 120명의 제자들과 함께 마가 다락방에 들어가 기도에 주력하므로 성령 체험을 했습니다. 그가 보여 주는 전인적 신앙의 성숙모델을 보면 너무나 고결하다는 것을 알 수 있습니다. 그는 실천과 기도의 두 균형으로 잘 다듬어진 성숙의 진면목을 보여 주기도 합니다. 사람은 누구나 자신이 기도한 만큼 성장합니다.

이런 변화의 과정을 체험한 야고보이기에 야고보서의 서론인 1장에서부터 기도를 힘 있게 강조합니다. 그리고 야고보서의 결론인 5장에서도 또다시 기도를 실제적 체험과 간증으로 강조합니다. 그는 기도를 이론적으로 강조하는 것은 물론, 경험적으로도 강조합니다. 그는 기도로 시작하여 기도로 끝을 맺습니다. 자신이 기도의 사람이었기 때문입니다. 유대 역사가 요세푸스Flavius Josephus에 의하면, 그의 별명은 '늙은 낙타 무릎Old Camel Knees'이었다고 합니다. 그가 얼마나 기도를 많이 했는지 무릎이 늙은 낙타의 무릎처럼 못이 박혀 단단하고 구부러질 정도였다고 합니다.

우리 하나님께서는 기도하는 사람을 참 좋아하십니다. 주님 앞에 겸손히 엎드리기 때문입니다. 진정한 기도는 겸비한 모습으로 나아가는 자기 훈련입니다. 자아를 쳐서 복종시키는 거룩한 싸움입니다. 실제로 우리는 기도를 시작하면서 모든 것을 내려놓습니다. 기도하는 만큼 성숙함을 이루어 갑니다.

우리는 어느 시점에서부터 전인적 성숙이 멈춘 상태는 아닌지 돌아보아야 합니다. 성인아이 상태로 머무르고 있지는 않은지 살펴야 합니다. 나이도 먹을 만큼 먹고, 신앙의 연륜도 오래되었는데, 여전히 성격이 잘 다듬어지지 않고 있는지, 성숙한 성도가 아닌, 미숙아 성도는 아닌지 점검해야 합니다. 만약 미성숙한 상태라면 다음과 같은 질문을 던져 보아야 합니다. 인생을 살아가면서 불가피하게 당면하는 시련을 잘 견디지 못한 탓은 아닌지, 조금만 더 잘 참고 견디는 인내에 실패한 까닭은 아닌지를 물어야 합니다. 아니면 어느 순간부터 기도에 게을러지고, 기도생활을 소홀히 하고 있기 때문은 아닌지 물어야 합니다. 과연 당신은 어떤 것 같습니까?

하나님께서는 아버지로서 자녀인 우리가 성숙하기를 원하십니다. 예수 그리스도를 닮은 자가 되라고 요구하십니다. 이제 각자 자신의 자화상을 진단해 봅시다. 나는 얼마나 성숙한 성품으로 잘 다듬어지고 있는 것 같습니까?

1. 우리는 살아가면서 수많은 시련과 문제를 만나게 됩니다. 하지만 위기처럼 보이는 그 일들이 우리를 성숙으로 이끄시려는 하나님의 방법일 수 있습니다.

2. 성숙은 단기간에 이룰 수 있는 것이 아닙니다. 인내하고 견딜 때 성숙으로 나아갈 수 있습니다. 이를 위해 하나님의 때가 있음을 믿어야 합니다.

3. 성숙은 우리 힘만으로는 이룰 수 없습니다. 이때 필요한 것이 기도입니다. 하나님은 기도를 통해 우리가 온전한 성숙을 향해 성장해 나갈 수 있도록 도우십니다.

✝ 야고보서 1:5-8 | 메시지성경 |

5 여러분이 무엇을 어떻게 해야 할지 모르겠거든, 아버지께 기도하십시오. 그분은 기꺼이 도와주시는 분이십니다. **6** 여러분은 그분의 도우심을 받게 될 것이며, 그분의 도우심을 구할 때 부끄러움을 당하지 않을 것입니다. 망설이지 말고, 믿음을 가지고 담대히 구하십시오. **7** "기도해 놓고 염려하는" 사람은 바람에 밀려 출렁이는 물결과 같습니다. **8** 그런 식으로 태도를 정하지 않은 채 바다에 표류하는 사람은, 주님께 무언가 받을 생각을 하지 마십시오.

SUMMIT OF MATURITY

무엇을
어떻게 해야 할지
모를 때

──────── 국토교통부 조사에 따르면 우리나라 국민이 한 집에 정착하여 사는 기간은 평균 7년 7개월입니다. 자가 가구는 10년 6개월, 임차 가구는 3년 6개월입니다. 21세기는 여전히 유목민 사회를 이루고 있다고 해도 과언이 아닐 정도입니다. 심지어 우리나라의 경우, 이사의 빈도가 훨씬 더 높습니다. 필자의 경우에도 목회자로서 교회가 제공하는 사택에 살다 보니 결혼 후부터 지금까지 스물 두 번이나 이사를 했습니다. 이처럼 현대인들은 도시 유목민으로 살아가고 있습니다. 우리는 도시라는 콘크리트 정글 속에 사는 유목민입니다. 자연히 한 지역에서 오래 사는 사람들은 줄어들고 있습니다. 더구나 요즘은 지방 근무나 해외 근무도 많아지고 있습니다. 이처럼 현대적 유목민

인생을 살아가는 현실과 마주하다 보면 삶의 현장에서 뜻밖의 일들을 만날 때가 많습니다. 하루 동안에도 순간순간 별의별 일들을 만나며 살아갑니다.

기독교 초기 그리스도인들은 신앙적 박해 때문에 여러 지역으로 흩어져 살아야 했습니다. 그들은 힘없는 나그네와 순례자로 살았습니다. 낯선 지역에서 안정적으로 살지 못하다 보니 어느 날 갑자기 뜻밖의 상황을 맞이하는 일이 비일비재했습니다. 그런 그들을 향해 성경은 실제적인 지침을 주고 있습니다.

> "여러분이 무엇을 어떻게 해야 할지 모르겠거든, 아버지께 기도하십시오." _야고보서 1:5(메시지성경)

이는 모든 상황에서 기도 중심으로 살아가라는 그리스도인을 향한 지침입니다. 하루의 삶 속에서, 무엇을 어떻게 해야 할지 모를 때일수록 오직 기도로 풀어가라는 길잡이 말씀입니다.

막막함이 다가오는 대표적인 순간이 병과 마주할 때입니다. 현대 사회에는 여러 가지 질병으로 시달리는 이들이 많습니다. 그들은 여러 종류의 항암치료, 암 수술, 신장이식, 간이식, 혈압, 당뇨, 관절질환, 각종 기저질환으로 고생합니다. 여러 종류의 장애 요인으로 일평생 고통을 감내하며 살아가는 이들도 있습니다. 최근에는 젊은 층임에도 악성 종양이 발견되어 수술 받기도 합니다. 이렇듯 대부분 사람들이 힘겹게 살아가고 있습니다.

또한 의식주의 문제 역시 사람들을 막막하게 만들곤 합니다. 의식주는 역사 이래로 우리가 꾸준히 짊어져야 했던 인생의 기본 문제라고도 할 수 있습니다.

하지만 질병의 문제이든, 의식주의 문제이든 삶의 현장에서 무엇을 어떻게 해야 할지 모를 때일수록, 기도로 풀어가야 합니다. 이것이 우리가 잊지 말아야 할 인생 지침입니다.

1. 기도할 때 도와주시는 하나님

"여러분이 무엇을 어떻게 해야 할지 모르겠거든, 아버지께 기도하십시오. 그분은 기꺼이 도와주시는 분이십니다."

_야고보서 1:5(메시지성경)

무엇을 어떻게 해야 할지 잘 모를 때, 우리가 할 수 있는 최고의 방법이

자 최선의 방법은 무릎 꿇고 엎드려 기도하는 것입니다. 기도가 최상의 해법입니다. 우리가 뜻밖의 상황에서 무엇을 어떻게 해야 할지 잘 모를수록 하나님께 지혜를 달라고 기도해야 합니다. 이보다 더 간단한 처방전은 없습니다.

성경이 말하는 지혜wisdom는 지능지수IQ를 뜻하지 않습니다. 약음이나 잔꾀가 아닙니다. 지혜란 하나님께서 원하시는 삶을 살아가는 기술입니다. 어떤 혼돈의 상황에서도 하나님 중심으로 살아가는 삶의 기술입니다.

"여호와를 경외하는 것이 지혜의 근본이요"_잠언 9:10(개역개정)

야고보서가 중심주제로 삼고 있는 것 또한 그리스도인의 성숙입니다. 우리는 여러 가지 어려운 일로 시험 당할 때 하나님을 경외하는 신앙에서 벗어나지 않도록 기도해야 합니다. "하나님, 어떻게 하면 좋을까요? 하나님, 어떻게 풀어 가면 좋을까요?" 우리가 기도하는 만큼 성령님이 도와주십니다. 성령님은 지혜의 영이십니다. 분별의 영이십니다. 성령님은 우리로 하여금 하나님의 크고 깊은 뜻을 헤아리며 살아가게 해 주십니다. 성경이 말하는 지혜는 세상적 똑똑함이 아닙니다. 하나님의 오묘한 뜻을 헤아릴 수 있는 영적 명민함입니다. 솔로몬 왕이 구했던 지혜입니다.

우리가 삶의 현장에서 뜻밖의 일을 당면하면 무엇을 어떻게 해야 할지 암담할 수 있습니다. 그때 하나님의 복된 계획을 따라 살 수 있는 민첩한 지혜를 구해야 합니다. 현실 상황이 어렵고 녹록하지 않을수록 하나님 중심으로 살아가는 지혜를 간구해야 합니다.

  우리나라 현금자동입출금기ATM의 선구자 청호컴넷 심재수 회장은 새벽기도하는 CEO로 유명합니다. 영락교회 장로인 그는 세계를 감동시킨 CEO로 선정되기도 했습니다. 그는 수십 년 동안 새벽기도 때마다 지혜를 달라고 기도하여 응답 받으며 사업을 해 왔습니다. 그의 신앙 지론이 참 멋집니다. "기도가 살면 기업도 가정도 산다."

  세계적인 기독교 저널리스트 필립 얀시Philip Yancey가 출간한 역작 중 『한밤을 걷는 기도』라는 책이 있습니다. 영어 제목은 『A COMPANION IN CRISIS』로 훨씬 더 실제적인 의미를 드러냅니다. 이 책은 지금으로부터 400년 전, 유럽 전 지역이 페스트로 1억 명 이상이 죽어 나갈 때 영국의 영성시인 존 던John Donne이 쓴 책, 『비상시의 기도문』을 현대적으로 해석하고 적용한 내용입니다.

  존 던은 자신의 고백적 기도시를 통해 도무지 어찌할 수 없는 상황에서 우리 앞을 비추는 스승이요, 위기의 동반자이신 주님이 함께하고 계심을 바라보게 합니다. 그는 이런 멋진 영성기도를 그림 언어로 말합니다. "제가 주님께 기도드리면 제게서 저를 벗겨 내시고, 주님을 입혀 주십니다."

존 던은 뜻밖의 시련이 우리를 멈춰 세울 때 영혼의 깊은 기도를 드려 보라고 권합니다. 그러면 인생의 어두운 밤에도 동반자로 함께 계시는 주님을 바라보고 의지할 수 있기 때문입니다. 그는 우리가 어떻게 오늘을 살고, 어떻게 내일을 맞이할 것인가를 기도로 응답 받으며 살아가자고 제안합니다.

야고보서 말씀 또한 우리가 뜻밖의 상황에서 무엇을 어떻게 해야 좋을지 모를 때, 암담한 심정으로라도 기도하면 주님이 놀라운 은혜로 도와주신다는 것을 가르쳐 줍니다. 그 가르침을 멋진 화폭에 담아줍니다.

첫째, 후히 주십니다. 이 단어는 헬라어로 '하플로스ἁπλῶς'인데, '제한 없이 주신다. 아낌없이 주신다'라는 뜻을 담고 있습니다. 하나님은 우리에게 "너, 또 요청하냐? 너, 또 부탁하냐?" 하시면서 귀찮아하지 않으십니다. 윌리엄 스틸William Steele은 이렇게 "하나님은 주시는 일에 싫증내는 법이 없으시다"라고 말합니다. 이는 엄마가 아이를 키우며 보여 주는 모습이기도 합니다. 엄마는 아이의 요청을 들어주고, 또 들어주고, 계속 도와줍니다. 끊임없이 제공하고, 아낌없이 공급해 줍니다.

우리 하나님은 주기를 좋아하십니다. 많이 주기를 좋아하십니다. 하나님은 후히 주시는 분입니다.

> "주라 그리하면 너희에게 줄 것이니 곧 후히 되어 누르고 흔들어 넘치도록 하여 너희에게 안겨 주리라"_누가복음 6:38(개역개정)

옛날에 쌀이나 보리를 팔 때 되나 말을 약간 기울여 놓고는 살짝 되었을 때 얼른 쏟아 버리는 장사꾼을 되매기꾼이라고 하였습니다. 우리 주님은 그런 되매기꾼이 아닙니다. 오히려 모든 것을 후히 주시되 흔들어 넘치도록 쏟아 부어 주시는 참 좋으신 하나님이십니다. "오직 우리에게 모든 것을 후히 주사 누리게 하시는 하나님"딤전 6:17이십니다.

브라질 아마존에서 원주민 선교를 하시는 김성준 선교사는 이런 간증을 전합니다. "나는 실낱같은 기도를 드렸으나, 하나님은 밧줄같이 응답하셨습니다." 영어 속담에 이런 말이 있습니다. "왜 우리는 파운드로 주시는 하나님께 온스로 구합니까?Why do we ask for ounces from a God, Who would rather give pounds?" 왜 우리는 말로 주시는 하나님께 되로 구하는지요? 분명 하나님은 되로 구하는 우리에게 말로 주시는 분입니다.

"너는 내게 부르짖으라. 내가 네게 응답하겠고 네가 알지 못하는 크고
은밀한 일을 네게 보이리라"_예레미야 33:3(개역개정)

"네 입을 넓게 열라 내가 채우리라"_시편 81:10(개역한글)

우리가 부족할수록 하나님은 풍족한 은혜로 도와주십니다.

둘째, 꾸짖지 않고 주십니다. 이 단어는 '시비 걸거나, 트집 잡지 않고
주신다without finding fault'라는 뜻입니다. 하나님은 우리에게 "왜 그렇게
맨날 모자라느냐, 이번에는 뭐가 또 부족하냐"라고 하시며 따지거나 시
비하지 않으십니다. 오히려 시편 31편 19절 말씀처럼 은혜를 쌓아놓고
계시다가 기꺼이 베풀어 주십니다. 그러므로 우리의 삶에서 기도하기에
적당하지 않은 때는 없습니다. 하나님은 기도하는 자에게 즐겁게 베풀어
주십니다.

셋째, 계속 주십니다. 여기 '주시리라'는 단어는 현재 진행형입니다. 하
나님은 어쩌다 한번 주고 중단하시는 분이 아닙니다. 계속 공급해 주십
니다. 끊임없이 주십니다. 그야말로 무제한으로 리필해 주십니다. 저는
지금까지 부족한 하나님이 아닌, 풍족한 하나님을 믿으며 살아오고 있
습니다. 우리가 기도하는 만큼 풍성한 은총은 계속 이어집니다.

2. 기도할 때 담대하게 하시는 하나님

"여러분은 그분의 도우심을 받게 될 것이며, 그분의 도우심을 구할
때 부끄러움을 당하지 않을 것입니다. 망설이지 말고, 믿음을 가지고
담대히 구하십시오."_야고보서 1:6(메시지성경)

'의심하다'라는 뜻을 가진 헬라어 디아크리노διακρίνω는 마음과 생각이
갈라진다는 의미를 내포하고 있습니다. 그래서 바다 물결처럼 요동하게
됩니다. 결국 두 마음을 품게 됩니다. 생각이 복잡해지니까 하나님을 믿
지 못하게 됩니다. 믿음이란 단순한 것입니다. 이것저것 복잡하게 따지지
않습니다. 하나님의 도우심을 확신하는 것입니다. 그래서 우리는 믿음
으로 기도할수록 담대하여집니다. 기도의 필수조건은 '담대한 믿음boldly
believing'입니다. 하나님께서는 오늘 우리에게 담대한 믿음을 요구하십니
다. 우리가 담대한 믿음으로 기도할수록 마음과 생각의 불안이 없어집니
다. 분심이 사라집니다. 성경이 가르치는 위대한 역설입니다. 우리가 기
도 없이 살기 때문에 생각이 복잡해집니다. 기도가 없으면 방정맞게 불길
한 생각부터 하기 시작합니다. 반대로 기도 중심으로 사는 사람은 어떤
절체절명의 상황에서도 담대해집니다. 흔들림이 없습니다.

우리나라 대표적인 화장품 한국 폴라POLA를 설립하고 한국, 중국, 일

본을 하나의 경제단위로 묶는 베세토BESETO 이청승 회장의 기도 체험 간증입니다. 그는 대학 시절부터 시작한 출판업이 승승장구하였습니다. 그런데 그가 의욕적으로 사세를 확장하던 중 자금 고갈 위기가 발생했습니다. 회사가 파산의 도마 위에 올랐습니다. 사면초가였습니다. 그러던 어느 날 그가 저녁식사를 하는데 갑자기 아들이 사라지더니 한 시간 후에 눈이 벌게져서 나타나더라는 것입니다. 당시 초등학교 5학년이었던 아들이 아버지에게 이렇게 말했습니다. "아빠, 걱정하지 마세요. 제가 교회 가서 기도하고 왔어요. 하나님께서 사업을 잘 되게 해주신대요." 이제 겨우 초등학교 5학년 아이가 밥 먹다 말고 교회에 가서 기도하고 돌아와서 한 말입니다. 그래서 이 회장은 담대한 믿음이 생겨 새롭게 도약jump up할 수 있었다고 간증합니다.

우리도 믿음으로 기도할수록 담대해집니다. 이미 소개한 영국의 시인 존 던은 이런 담대한 믿음의 기도를 드립니다. "주께서 저를 끝까지 사랑하실 거라는 확신을 뒤흔드는 모든 무질서에서 제 영혼을 보호하소서."

우리가 기도하지 않고 살수록 믿음의 야성은 약해집니다. 기도를 안하니까 그나마 있는 자신감도 사라지는 것입니다. 기도로 하나님께 집중하지 않으면, 세상 사방에 안테나만 많이 세워집니다. 그래서 주변 사람들의 가벼운 말에도 쉽게 흔들립니다. 중심을 제대로 잡지 못합니다.

바다에서 표류하는 배처럼 혼돈 속에서 살아갑니다. 그러나 우리가 기도하는 만큼 주님은 어떤 날씨에도 흔들림 없이 항해할 수 있는 담대한 믿음을 주십니다.

성경에 등장하는 인물들은 모두가 담대한 믿음과 기도의 사람들입니다. 믿음으로 기도하며 사는 만큼 어떤 상황에서도 담대한 역동성을 표명합니다^{행 4:13}. 아브라함은 오직 믿음으로 100세에도 아들을 얻었습니다. 이삭은 불임이었던 아내를 위하여 20년 동안 믿음으로 기도하여 쌍둥이를 얻었습니다. 모세는 아말렉과의 전투에서 두 손 들고 기도하므로 대승했습니다. 기드온은 단순한 믿음으로 기도하는 대로 응답을 받았습니다. 사무엘은 어머니의 기도생활을 그대로 본받아 위대한 지도자가 되었습니다. 다윗은 오직 기도로 성공한 사람입니다. 솔로몬은 단순한 믿음과 기도로 축복받았습니다. 히스기야는 오직 기도로 병 고침을 받는 기적을 체험했습니다. 엘리야와 엘리사는 둘 다 믿음과 기도에 전문가들입니다. 느헤미야는 기도로 위인이 되었고, 다니엘은 기도로 지도자가 되었습니다. 베드로와 요한은 기도로 영웅이 되었습니다.

예수님은 우리에게 기도를 가장 많이 가르쳐 주십니다. 설교하는 법은 안 가르쳐 주셨으나, 기도하는 법은 매우 구체적으로 가르쳐 주십니다. 기도의 모델까지도 가르쳐 주셨습니다. 또한 성전을 만민의 기도하는 집이라고 말씀하셨고 담대한 믿음으로 기도하라고 가르쳐 주고 계십니다.

> "그러므로 내가 너희에게 말하노니 무엇이든지 기도하고 구하는 것
> 은 받은 줄로 믿으라 그리하면 너희에게 그대로 되리라"
> _마가복음 11:24(개역개정)

예수님은 혼돈의 세상을 살아가야 하는 우리에게 담대한 신앙으로 살아가라고 용기를 주십니다.

> "너희는 하나님을 모르는 이 세상에서 끊임없이 어려움을 겪을 것이
> 다. 그러나 용기를 내라! 내가 세상을 이겼다."
> _요한복음 16:33(메시지성경)

주님은 우리가 성숙한 신앙인으로 살아가라고 요청하십니다. 우리가 나그네 인생길에서 뜻밖의 상황에 직면하여 무엇을 어떻게 해야 할지 모를 때일수록 기도 중심으로 살아가라고 하십니다. 우리가 기도하는 만큼 하나님은 아낌없이 후히 주십니다. 우리의 수준 낮은 기도도 꾸짖지 않고 기꺼이 응답해 주십니다. 우리가 일평생 기도하는 만큼 주님은 계속하여 풍성한 은혜를 주십니다. 그기에 우리는 오직 믿음으로 기도하면서 담대하게 살아갈 수 있습니다.

1. 우리는 한 치 앞도 예상할 수 없는 세상을 살아가고 있습니다. 하지만 그런 불안하고 막막한 상황에서도 우리는 기도를 통해 승리할 수 있습니다.

2. 하나님은 기도를 통해 하나님께 의지하려는 자를 붙드시고 도우십니다. 한번만이 아니라, 기도할 때마다 풍성한 은혜로 우리를 도우십니다.

3. 기도로 하나님을 의지하는 자에게 하나님은 담대함을 허락하십니다. 기도의 사람은 어떤 상황에서도 흔들리지 않는 강인한 믿음을 갖게 됩니다.

9 이 세상에서 업신여김을 받는 형제가 있거든 기뻐하십시오. 주께서 높여 주실 것입니다. 10 부요한 사람도 기뻐하십시오. 재산이란 주님이 보시기에는 아무것도 아니기 때문입니다. 내리쬐는 한여름의 태양 아래 아름답게 피어났던 꽃도 곧 그 아름다움을 잃고 시들어 말라 버리듯이 부자의 생애도 이와 같습니다. 제아무리 사업에 바쁘게 뛰어다닌다 해도 그것을 다 마치지 못하고 뒤에 남겨 둔 채 죽고 마는 것입니다. 11 (10절과 같음) 12 유혹을 당할 때 거기에 빠지지 않고 이겨 낸 사람은 행복합니다. 그는 하나님을 사랑하는 사람에게 약속하신 생명의 면류관을 상으로 받을 것이기 때문입니다. 13 누구든 악한 일을 할 마음이 생길 때 하나님께서 자신을 유혹하시는 것이라 생각하지 마십시오. 하나님께서는 결코 악을 행하기를 원하시지도, 악을 행하도록 유혹하시는 일도 없습니다. 14 인간은 자기의 악한 생각이나 욕심에 끌려서 유혹을 당하는 것입니다. 15 그 악한 생각이 악한 행동을 하게 만들어 결국 하나님께 죽음의 형벌을 받게 됩니다. 16 그러니 사랑하는 형제들이여, 잘못된 길로 빠져들지 마십시오. 17 온갖 좋은 것과 완전한 것은 빛을 창조하신 하나님께로부터 옵니다. 하나님께서는 변함이나 그림자 같은 것이 전혀 없이 영원히 밝은 빛으로 비춰주십니다. 18 하나님께서 진리의 말씀으로 우리에게 새로운 생명을 주신 것은 온전히 하나님의 자유로운 뜻에 의한 것입니다. 이렇게 해서 우리는 하나님의 새로운 가족 가운데 최초의 자녀가 된 것입니다.

시험을
이기는
합격 인생 살기

Chapter 03

───────── 옛날 어느 마을에 마음씨 착한 농부
가 살았습니다. 부지런한 농부는 이른 아침부터 저녁까지 농사를 짓고 틈
날 때마다 마을 일을 돌보았습니다. 길가에 꽃씨를 뿌려 가꾸고, 빗물에
파인 길을 마을 사람들이 편하게 다닐 수 있도록 고르기도 했습니다. 고
을 원님이 착한 농부에 대한 소문을 듣고 농부에게 설탕 한 상자와 소금
한 상자를 선물로 하사했습니다. 옛날에 설탕과 소금은 아주 귀한 상품
이었습니다.

그 마을에 살고 있던 부자가 그것을 보고 샘이 나서 원님을 찾아갔습
니다. 부자는 자신도 마을을 위해 열심히 후원했으니 선물 받을 자격이
있다고 요청했습니다. 원님은 흔쾌히 부자에게도 농부의 것과 같은 상자

를 선물로 주었습니다. 그는 신이 나서 상자를 들고 집으로 돌아와 열어 보았습니다. 그런데 상자 안에는 뒤섞여 있는 소금과 설탕이 들어 있었습니다. 원님이 일부러 섞어 놓은 것입니다. 우리는 종종 주변에서 욕심으로 무엇인가를 차지할수록 좋지 않은 결과를 얻게 되는 경우를 보곤 합니다.

한스컨설팅 대표이신 한근태 박사의 저서 중 『과유불급』이라는 책이 있습니다. 책 제목인 과유불급過猶不及이라는 한자어 뜻 그대로, 뭐든지 지나치면 좋지 않습니다. 차라리 지나침보다는 부족함이 나을 때가 많습니다. 사람들이 스스로 속는 속담 중에 "메뚜기도 유월이 한 철이다"라는 속담이 있습니다. 사람들은 이 속담에 스스로 속아 욕심을 부립니다. 멀리, 높게 보지 않고, 근시안적인 현실 위주로 과욕을 부리다가 낭패를 당합니다. 날개도 없는데 높이 날아오르려고 욕심내다가 추락하는 인생이 되고 맙니다.

경영학에서도 70% 활용과 만족원리를 강조합니다. 오디오의 출력도 70% 정도 볼륨으로 맞추면 가장 편안한 소리로 들린다고 합니다. 사람의 위장도 70% 정도 채우면 건강에 좋다고 합니다. 욕심을 이기는 것이 합격 인생의 원리임을 가르쳐 줍니다.

절제節制는 다른 누군가를 위해 하는 것이 아니라, 바로 나 자신을 위해서 하는 것입니다. 절제는 더 할 수 있지만, 이제 그만하면 족하다고 자신에게 명령하는 것입니다. 따라서 절제의 반대말일수록 '무無'자로 시작합니다. '무리無理, 무모無謀, 무례無禮, 무시無視' 등이 대표적입니다. 절제는 그냥 하지 않는 것이 아니라, 할 수 있음에도 불구하고 멈추고 만족하는 능력입니다. 그래서 말도 절제가 필요합니다. 특히 말을 많이 할수록 권위가 떨어지고 구차해집니다. 말을 다 하지 않고 남겨 두어야 여운의 감동을 줍니다.

요즘 어린아이들이 아토피라는 피부병으로 큰 고통을 겪습니다. 여러 가지 이유가 있겠지만, 지나친 청결이 면역력을 약하게 만든다고 보고되고 있습니다. 완벽주의가 병을 만들어냅니다. 제가 이스라엘에 가면 반드시 구경하는 현장이 있습니다. 어린아이들의 야외수업 광경입니다. 이스라엘 국가의 교육제도는 초등학생부터 고등학생까지 야외 MT를 통해 땅바닥에서 자는 훈련을 필수로 다루고 있습니다. 어려서부터 흙과 먼지로 면역력을 향상시키며 건강하게 키우기 위함입니다.

야고보서에서도 우리가 시험과 유혹을 잘 이겨내는 합격 인생을 살아가는 지침을 주고 있습니다. 이것은 우리에게 아주 실제적인 원리를 제시해 줍니다.

1. 일시적인 가난과 부보다, 영적으로 성숙한 합격 인생

야고보서는 우리에게 두 가지 면에서 합격 인생을 살아가라는 성숙 지침을 줍니다. 첫째로는 외부적 시련을 잘 견디고 이기라고 합니다. 둘째로는 내면적 시험을 이기라고 합니다. 성경은 대내외적으로 합격 인생을 살아가라고 요구합니다external & internal maturity. 스코틀랜드의 역사가이며 평론가인 토마스 칼라일Thomas Carlyle은 아주 훌륭한 말을 합니다. "역경을 견뎌내는 사람이 백 명이라면, 번영을 견뎌낼 수 있는 자는 한 사람에 불과하다."

야고보서는 우리의 경제생활 현실에서 어떻게 영적 성숙을 이루어 가야할지를 잘 가르쳐 줍니다. 가난과 부는 일시적이니, 영적 성숙을 목표로 살아가라는 신앙생활의 원리를 전해줍니다.

야고보서 1장 9절부터 11절은 인생이 초로와 같다고 설명합니다. 그야말로 인생은 풀 위의 이슬에 불과합니다. 중동지역의 꽃들이 사막성 열풍으로 순식간에 시들어버리듯 가난과 부도 한시적입니다. 사람은 누구나 한때는 가난할 수 있고, 또 한때는 부요하게 살 수 있습니다. 그래서 야고보서는 우리가 가난poverty하든지 부plenty하든지 영적 성숙을 가져오는 기회로 활용하라고 가르쳐 줍니다.

기독교 초기 성도들은 로마 정부의 박해 때문에 여러 나라로 흩어져 나그네로 살았고 그 결과 경제적 업다운up & down이 심했습니다. 돈을 잘 벌다가도 한순간에 손해를 보곤 했습니다. 어떤 경우에는 잘 풀리기도 하고, 때로는 마이너스 성장으로 침체의 터널에 진입하기도 했습니다. 이런 현실을 살아가는 그들에게 먼저 영적 성숙을 통해 합격 인생을 살라고 지침을 준 것입니다. 이는 세상 성공보다 신앙적 성공을 지향하라는 하나님 나라의 생활 원리를 제시해 준 것이기도 합니다.

우리가 힘써야 할 일은 영적 성숙을 이루어 가는 것입니다. 경제 활동에만 골몰하지 말고, 영적 성숙을 위해 노력해야 합니다. 설령 우리가 경제적으로 아무리 부유해져도 결국은 다 쓰지 못하고 남겨둔 채 죽고 맙니다. 또한 신앙적인 이유로 눈에 보이는 부분에서 어려움을 당하면 주님께서 반드시 높여 주실 것입니다. 이처럼 우리에게 영원히 남는 것은 영적 성숙뿐입니다. 우리가 추구해야 할 것은 신앙의 성공자가 되는 것입니다.

2. 욕심을 이기는 합격 인생

성경은 사람이 당하는 유혹에 관하여 아주 실제적으로 규명해 줍니다. 유혹은 누구에게나 찾아옵니다. 유혹에서 면제된 사람은 아무도 없습니다. 그런데 유혹이라는 시험은 누구 탓이 아니라, 자기가 만들어 내는 것입니다. 성경은 '하나님은 아무도 시험하지 아니하심'을 강조함과 동시에 대부분의 시험은 자기가 스스로 만든다고 말씀합니다.

> "인간은 자기의 악한 생각이나 욕심에 끌려서 유혹을 당하는 것입니다." _야고보서 1:14(현대어성경)

시험과 유혹의 모든 근원은 자기 욕심에서 기인합니다. 자기 스스로 꼬임에 넘어가는 것입니다. 하나님이 나를 시험하는 것이 아닙니다. 단순히 자신의 욕심에 끌려 미혹되는 것입니다.

> "사람은 자기가 미련해서 앞길을 망치고서도 마음으로는 하나님을 원망한다." _잠언 19:3(현대인의성경)

야고보서 1장 13절부터는 심리적 프로세스로 분석해 주기도 합니다. 영어로는 4D로 정리됩니다. 첫째는 욕심desire, 둘째는 미혹deception, 셋째는 불순종disobedience, 넷째는 죽음death입니다. 욕심 때문에 스스로 속고, 고집을 부리고 역행하여 망하는 것입니다.

심리학적으로 자기 욕심이라는 덫과 미끼에 현혹되는 단계를 규명해 볼 수 있습니다. 관심attention, 반응attitude, 행동action이 그 과정의 핵심인데, 이는 미혹의 정체라고도 할 수 있습니다. 사람들은 한시적인 이익에 관심을 쏟다가 크게 보지 못하고 스스로 잔꾀에 넘어갑니다. 이처럼 유혹은 전체를 보지 못하게 합니다. 현실적 화려함과 달콤함만 보여 주고, 그 결과는 항상 가려서 보이지 않게 합니다. 한자로 '인위재사 조위식망 人爲財死 鳥爲食亡'이라는 사자성어도 같은 맥락입니다. 이 사자성어의 뜻은 '사람은 재물 때문에 죽고, 새는 먹이 때문에 죽는다'라는 뜻입니다.

야고보서 1장 14절에서 "욕심에 끌려 미혹된다"라는 말은 그 당시 스포츠 용어였습니다. 첫째, 낚시 용어로 '미끼에 걸린다'라는 뜻입니다. 둘째, 사냥꾼의 단어로 '올가미나 덫에 걸린다'라는 뜻입니다. 곧 욕심 부리다가 덫에 걸립니다. 우리 주변에 경제적으로 사기당하는 대부분의 경우도 마찬가지입니다. 푼돈밖에 안 되는 미끼에 물려 목돈을 몽땅 잃고 맙니다. 이자 몇 푼 때문에 큰돈을 날립니다.

더구나 우리가 영적 성숙을 이루려고 시도하는 만큼 사탄은 더 적극적으로 우리를 시험합니다. 사탄은 오늘도 우리를 끊임없이 유혹합니다. 『야베스의 기도』를 쓴 브루스 윌킨슨Bruce Wilkinson은 이렇게 말합니다. "유혹은 당신이 거룩해지려고 노력할 때 전략적으로 활동한다."

사탄은 우리를 속이려고 수시로 유혹합니다. 사탄은 예수님마저도 속임수로 계속 유혹했습니다. 예수님이 공생애를 시작할 때부터 십자가에 못 박혀 죽으실 때까지 계속 시험했습니다. 그래서 야고보서 1장 16절은 사탄의 미혹에 속지 말라고 가르칩니다.

"나의 사랑하는 형제자매 여러분, 속지 마십시오."

_야고보서 1:16(새번역성경)

우리가 시험당하는 것에는 다음의 몇 가지 원인이 있습니다. 첫째, 은혜 받지 못할 때 시험당합니다. 다시 말해서 말씀의 은혜를 못 받았기 때문에 믿음이 자라지 못하고 이 때문에 병이 들고 시험에 듭니다.

"누구든지 하늘 나라의 말씀을 듣고도 깨닫지 못하면 사탄이 와서 그 마음에 뿌려진 것을 빼앗아 가 버린다. 이런 사람은 길가에 떨어진 씨와 같은 사람이다." _마태복음 13:19(현대인의성경)

둘째, 기도하지 않을 때 시험당합니다. 기도하지 않으면 영혼이 건강하지 못하기 때문입니다.

"시험에 들지 않도록 깨어서 기도하라." _마태복음 26:41(우리말성경)

셋째, 헌신하지 않을 때 시험당합니다. 주님과 교회를 위해 열심히 봉사하는 사람에게 시련은 있어도, 시험은 없습니다. 운동을 안 하니까 병이 생기듯, 고린도 교회 성도들이 은사는 많았으나, 헌신하지 않고 봉사하지 않았기에 시험에 들었던 것입니다. 교회 안에서 열심히 봉사하고 헌신하는 사람은 시험에 들지 않습니다.

물고기가 낚시에 물리지 않고, 들짐승이 올무에 걸리지 않는 비결이 있습니다. 배부르면 결코 미끼를 물지 않습니다. 우리가 성령충만하여 자족하는 삶을 살면 시험을 이기는 합격 인생이 됩니다.

3. 좋은 것으로 축복받는 합격 인생

예수님은 사탄의 시험을 이기는 비법을 완전한 교본으로 가르쳐 주십니다. 훌륭한 조교로 시범을 보여 주십니다. 예수님은 기도와 말씀으로 사탄의 시험을 거뜬히 이기시고, 하나님께 합격 인생을 사셨습니다.

우리가 시험을 이기기만 하면 하나님께서 훨씬 더 좋은 것으로 보상해 주십니다. 사탄은 우리를 망하게 하는 올무와 덫을 주지만, 하나님은 우리에게 가장 좋은 것을 주십니다. 사탄은 우리 마음에 악한 충동을 일으키지만, 하나님은 성령의 감동으로 좋은 충동을 주십니다.

> "그러니 사랑하는 친구 여러분, 가던 길에서 벗어나지 마십시오. 모
> 든 바람직하고 유익한 선물은 하늘로부터 옵니다. 빛의 아버지로부터
> 폭포처럼 하염없이 내려옵니다." _야고보서 1:16-17(메시지성경)

    하나님은 우리에게 항상 최상의 것만 주십니다. 완제품만 주십니다. 하나님은 인간을 위해 우주를 창조하시고 하루의 작업을 끝마치실 때마다 이렇게 말씀하셨습니다. "하나님이 보시기에 좋았더라." 이런 신학적 전제로 예수님은 이렇게 말씀하십니다.

> "너희가 악해도 너희 자녀에게 좋은 것을 줄 줄 알거든, 하물며 하늘
> 에 계신 너희 아버지께서, 구하는 사람에게 좋은 것을 주지 아니하시
> 겠느냐?" _마태복음 7:11(새번역성경)

    여기서 우리는 다음과 같은 세 가지 사실을 기억해야 합니다.
    첫째, 하나님은 '빛들의 아버지'라는 사실입니다. 하나님의 방법은 절대로 부정적이지 않습니다. 어두움이 없습니다. 언제나 창조적입니다. 인간의 마음이 어두운 것이지, 하나님의 은혜가 어두운 것이 아닙니다.

> "하나님은 빛이시라 그에게는 어두움이 조금도 없으시니라"
>
> _요한일서 1:5b(개역한글)

둘째, 하나님은 '신실하신 아버지'라는 사실입니다. 그는 변함도 없으시고, 회전하는 그림자도 없으십니다. 변한 것은 '나'이지, '주님'이 변하신 게 아닙니다. 내 믿음이 변질된 것이지, 주님의 은혜가 변질된 게 아닙니다. 내 열심이 퇴색된 것이지, 주님의 사랑이 변질된 게 아닙니다.

셋째, 하나님은 '구원의 아버지'라는 사실입니다. 자기가 좋아서 우리를 구원하셨는데 우리를 망하게 하시겠습니까? 진리의 말씀, 곧 자기 아들 예수 그리스도를 희생시키면서까지 우리를 거듭나게 하신 분이 우리를 시험에 넘어지게 하시겠습니까? 오늘도 우리는 어떤 시험을 당하더라도 이길 수 있습니다.

> "자기 아들을 아끼지 아니하시고 우리 모든 사람을 위하여 내주신 이
>
> 가 어찌 그 아들과 함께 모든 것을 우리에게 주시지 아니하겠느냐"
>
> _로마서 8:32(개역개정)

우리는 하나님은 모든 좋은 은혜를 후히 주신다는 것과약 1:5-8 좋은 것만 주신다는 것약 1:9-11을 늘 기억해야 합니다. 비록 경제적으로는 가난

하게 되는 연단을 받고 있어도 하나님의 은혜가 풍성하게 넘침을 인식하면 시험을 이길 수 있습니다. 경제적으로 부하여 교만해질 위험이 많아도 하나님께서 낮추시는 시련을 주신 것을 생각하면 어떤 시험이든지 이길 수 있습니다.

언제나 신실하신 주님만을 믿는 사람에게는 좋은 은혜만 임합니다. 우리가 지금까지 지침으로 삼고 따라온 하나님의 말씀이라는 내비게이션에서 벗어나지 않으면, 하나님께서 모든 좋은 것을 폭포수처럼 부어 주십니다. 우리가 하나님의 말씀대로 사는 것만이 합격 인생의 비결입니다. 성경은 세상일에 너무 욕심내지 말고, 먼저 영적 성숙을 통해 합격 인생을 살 것을 강조합니다. 그런 삶을 살 때 분명 하나님께서는 모든 좋은 것을 폭포수처럼 부어 주시며 한량없이 축복하십니다.

1. 우리가 붙들어야 할 것은 일시적인 것이 아니라, 영원한 것입니다. 곧 돈이 아닌 영원한 영적 성숙에 더 집중해야 하며 세상적 성공이 아닌 신앙적 성공을 지향해야 합니다.

2. 욕심은 우리를 시험에 빠뜨립니다. 영적 성숙을 향해 나아가기 위해선 자기 욕심을 버려야 하며 하나님의 은혜 속에서 기도하고 헌신함으로써 시험을 이기는 합격 인생을 살아야 합니다.

3. 시험을 이긴 자에게 하나님은 가장 좋은 것을 허락하십니다. 주님만을 온전히 의지한 자에게는 좋은 은혜가 풍성하게 임하는 미래가 약속됩니다.

19 사랑하는 형제자매 여러분, 여러분은 이것을 알아두십시오. 누구든지 듣기는 빨리 하고, 말하기는 더디 하고, 노하기도 더디 하십시오. 20 노하는 사람은 하나님의 의를 이루지 못하기 때문입니다. 21 그러므로 더러움과 넘치는 악을 모두 버리고, 온유한 마음으로 여러분 속에 심어주신 말씀을 받아들여야 합니다. 그 말씀에는 여러분의 영혼을 구원할 능력이 있습니다. 22 말씀을 행하는 사람이 되십시오. 그저 듣기만 하여 자신을 속이는 사람이 되지 마십시오. 23 말씀을 듣고도 행하지 않는 사람은 있는 그대로의 자기 얼굴을 거울 속으로 들여다보기만 하는 사람과 같습니다. 24 이런 사람은 자기의 모습을 보고 떠나가서 그것이 어떠한지를 곧 잊어버리는 사람입니다. 25 그러나 완전한 율법 곧 자유를 주는 율법을 잘 살피고 끊임없이 그대로 사는 사람은, 율법을 듣고서 잊어버리는 사람이 아니라, 그것을 실행하는 사람인 것입니다. 이런 사람은 그가 행한 일에 복을 받을 것입니다. 26 누가 스스로 경건하다고 생각하면서도, 혀를 다스리지 않고 자기 마음을 속이면, 이 사람의 신앙은 헛된 것입니다. 27 하나님 아버지께서 보시기에 깨끗하고 흠이 없는 경건은, 고난을 겪고 있는 고아들과 과부들을 돌보아주며, 자기를 지켜서 세속에 물들지 않게 하는 것입니다.

SUMMIT OF MATURITY

생활
신앙의
성숙

──────── 20세기 인도의 정신적 지도자 마하트마 간디Mahatma Gandhi에게 한 영국 기자가 물었습니다. "지금 인도의 시급한 과제는 무엇입니까?" 이 질문에 간디는 역사에 길이 남을 법한 답을 전해주었습니다. "인도의 시급한 과제는 경제 건설이나 사회복지 건설이 아니라, 인격 건설입니다."

성경이 전하는 큰 핵심이 바로 인격 건설입니다. 참된 그리스도인으로서의 인격 건설, 이것은 매우 실제적인 문제입니다. 안타깝게도 오늘날 많은 사람은 착각 속에 살아갑니다. 구원받지 못하고서도 구원받은 것처럼 착각하고, 믿음이 없으면서도 믿음이 있는 줄로 착각하고, 믿음 위에 제대로 서지 못했는데도 선 줄로 착각하고, 경건의 능력은 전혀 없으면서도 경건의 모양만 내려고 합니다.

이와 관련하여 우리가 오해해서는 안 되는 문제가 있습니다. "그분의 신앙은 참 좋은데, 인격은 별로야"라고 말하는 경우가 있습니다. 과연 이것이 가능할까요? 차라리 실력은 참 좋은데 사람은 별로라고 말할 수는 있겠으나 신앙과 인격이 별개로 갈 수는 없을 것입니다. 진정으로 신앙이 좋다면 사람도 좋게 변할 수밖에 없습니다.

기독교의 본질은 인격의 변화와 성숙입니다. 예수님을 믿고 변화 받는 것이요, 예수님을 닮아 성숙해 가는 것입니다. 이것을 경건이라고 합니다. 영어로는 아주 단순 명료합니다. Godliness입니다. 하나님의 성품을 닮아가는 것입니다. 이것이 성숙의 본질입니다. 최근에는 영성 형성이라고 말하기도 합니다.

우리 시대의 영성가인 리처드 포스터Richard J. Foster의 책『영적 성장을 위한 제자훈련』에서 성숙한 경건 생활 지침을 세 부분으로 나누어 설명해 줍니다. '내적 훈련, 외적 훈련, 공동체 훈련'입니다. 좀 더 풀어서 설명하면, 경건 생활의 성숙에는 세 가지 특성이 있는데 첫째는 개인적이고, 둘째는 관계적이고, 셋째는 공동체적입니다.

야고보서 1장 19절에서 27절은 인격 건설의 내용을 세 가지 구조로 전개해 나갑니다. 자신의 내면관리, 다른 사람과의 관계유지, 그리고 어려운 이웃들을 보살펴 주는 실천적 경건 생활입니다. 이처럼 성경적 성숙은 개인적이고, 관계적이고, 공동체적입니다.

그중에서도 후반부 내용은 사실 야고보서 전체에서 가장 산만하고 복잡합니다. 그런데 자세히 분석하며 관찰해 보면 의외로 단순합니다. 우리가 어떻게 하면 경건 생활에 진정한 성숙을 이루어 나갈 수 있는지 실제적인 지침을 줍니다. 그런 차원에서 야고보서는 예수님의 산상설교의 실천편입니다.

야고보는 예수님의 동생입니다. 그는 어려서부터 예수님께서 설교한 그대로 사시는 모습을 보며 성장했습니다. 그래서 그는 종교적 신앙생활의 단계를 뛰어넘어 생활 신앙을 강조하는 것입니다. 이런 신앙적 배경으로 그는 '경건'이라는 단어를 세 번이나 강조합니다. 이 단어를 종교라고도 번역하는데, 좀 더 분명하게 생활예배를 뜻합니다. 즉 진정한 예배는 삶으로 계속 이어져야 함을 피력합니다.

이처럼 야고보는 신행일치를 강조합니다. 믿음과 행동, 신앙과 실천은 하나입니다. 야고보서의 메시지는 생활 신앙입니다. 예수님을 닮아가는 경건 생활의 실천 지침입니다. 그래서 야고보 사도는 신앙의 성숙과 함께 인격이 성숙해야 경건한 성도가 될 수 있음을 가르쳐 줍니다. 그렇다면 어떻게 해야 생활 신앙에 성숙을 이루어 갈 수 있을까요?

1. 낮은 자세로 말씀을 듣자

실천이 따르는 생활 신앙에 성숙을 이루어 가려면 먼저 낮은 자세로 하나님의 말씀을 듣고 마음에 새겨야 합니다. 야고보서 1장 21절에서 "하나님의 말씀을 겸손하게 받고, 가슴에 새겨 놓으라Humbly accept and plant in your heart the word God"고 합니다.

야고보는 우리에게 아주 구체적으로 실제적인 지침을 제시합니다. 첫째, 잘 듣는 자가 되라. 둘째, 말을 아끼는 자가 되라. 셋째, 자신의 감정을 잘 다스려라.

> "누구든지 듣기는 빨리 하고, 말하기는 더디 하고, 노하기도 더디 하십시오." _야고보서 1:19(새번역성경)

하나님은 우리에게 먼저 들을 줄 아는 자가 되라고 당부하십니다. 곧 잘 말하기 전에, 먼저 잘 들어야 합니다. 야고보서에서 강조하는 훈련 중 하나는 인내입니다. 그래서 듣는 훈련부터 요구합니다. 언제나 나의 인격이 부족한 점을 생각하며 먼저 듣는 훈련이 필요합니다. 현대인들의 성격이 조급하고 이해심이 부족한 근본적인 원인 중 하나는 남의 말을 들으려고 하지 않기 때문입니다.

"듣기는 빨리 하라"는 말씀은 '부지런히 들으라'는 뜻입니다. 귀를 기울여 들어야 합니다. 기가 막힌 오해를 하거나 기가 막힌 실수를 하는 것도 혹시 우리의 귀가 막혔기 때문은 아닌지 돌아보아야 합니다. 먼저 듣는 훈련부터 거쳐야 인격이 성장합니다. 조용히 들어주는 사람한테는 마음의 안정과 푸근함을 느낄 수 있습니다. 그런 자야말로 훌륭한 인격자입니다.

과거 현인들의 조각상을 자세히 보면, 모두가 큰 귀를 가지고 있습니다. 얼굴이나 체구의 크기에 비해 귀가 굉장히 큽니다. 성숙한 사람일수록 그만큼 경청에 익숙한 자임을 말해 줍니다. 그래서 성자聖者라는 한자의 성聖을 분석해 보면, 입으로 말하는 것보다 귀로 듣는 것을 세 배로 해야 한다는 의미를 담고 있습니다.

"듣는 사람이 말하는 사람을 움직인다"라는 격언이 있습니다. 그야말로 경청 리더십입니다. 스티븐 코비Stephen R. Covey는 리더십의 교과서인 『성공하는 사람들의 7가지 습관』에서 경청의 중요성을 피력합니다. 그가 강조하는 경청의 원리 중 마지막 결론은 공감적 경청의 태도입니다. 그 원리는 간단합니다. 낮은 자세로 들어야 공감하며 경청할 수 있습니다. 그러므로 우리는 건성으로 듣지 말고, 정성으로 들어야 합니다.

우리가 낮은 자세로 경청하면 쉽게 화를 내지 않습니다. 고자세로 들으려고 하기에 화부터 내는 것입니다. 일반적으로 화를 잘 내는 사람에게는 몇 가지 특징이 있습니다. 첫째, 자기주장이 강합니다. 둘째, 상처가 많습니다. 셋째, 미성숙합니다. 작은 그릇이 빨리 끓는다는 속담처럼 옹졸한 사람일수록 화를 잘 냅니다. 당신을 화나게 한 사람에게 화를 내면, 당신은 그 사람에게 이미 정복당한 것입니다.

"노하는 사람은 하나님의 의를 이루지 못하기 때문입니다."
_야고보서 1:20(새번역성경)

20절은 우리가 화를 내는 것이 하나님의 의를 이루지 못하는 것이라고 경고합니다. 즉 우리의 분노가 하나님께 정당화될 수 없음을 일깨워 줍니다. 자신이 성을 낸 것에 대하여 변명하지 말라는 일침이기도 합니다. 독수리는 까마귀와 싸우지 않습니다. 우리는 자기관리에 성공해야 성숙

할 수 있습니다.

21절은 사람이 화내는 이유를 잘 규명해 줍니다. 화를 내는 것은 그 마음속에 모든 더러운 것과 넘치는 악이 있기 때문입니다. 어떤 일 때문에, 어떤 사람 때문에 화를 내는 경우보다는, 나 자신의 마음이 악하기 때문에 화를 내는 경우가 더 많습니다. 그래서 "그가 어떤 문제를 가지고 화를 내느냐에 따라 그 사람의 인격이 판명된다"라는 말도 있습니다.

당신은 어떤 문제 때문에 화를 내며 분노하십니까? 그 원인은 당신의 마음속에 악이 넘치기 때문은 아닐까요? 이와 관련하여 야고보서는 이렇게 말씀합니다.

"그러므로 더러움과 넘치는 악을 모두 버리고, 온유한 마음으로 여러

분 속에 심어주신 말씀을 받아들여야 합니다."

_야고보서 1:21(새번역성경)

말씀으로 내 속에 있는 모든 악독을 몰아낼 수 있기를 바랍니다. 하나님의 말씀을 낮은 자세로 겸손히 듣고, 마음에 새기고 살면, 아름다운 변화와 성숙을 이루어 갈 수 있습니다. 생활 신앙의 성화를 이루어 갑니다.

2. 낮은 자세로 말씀을 실천하자

신앙의 진정한 성숙은 실천하는 만큼 이루어집니다. 실천이 없는 신앙은 허구이고, 허상입니다. 실천이 없는 종교가 곧 샤머니즘입니다. 요즘 우리는 일주일 사이에 수많은 설교를 듣습니다. 인터넷 매체의 발달로, 설교 홍수시대에 살고 있습니다. 그러다 보니 실천이 없는 설교 감상주의에 빠져 살고 있습니다. 설교를 분석하고 평가하는 데만 익숙해져 가고 있습니다. 설교를 너무 많이 듣는 것이 문제입니다.

22절에서 24절 말씀이 이런 현상을 정확하게 규명합니다. 하나님의 말씀을 듣기만 하고 실천하지 않는 사람은 마치 자기 얼굴을 거울로 본 다음 곧바로 잊어버리는 것과 같습니다. 우리가 하나님의 말씀을 듣고 실천하는 원리는 아주 간단합니다. 낮은 자세로 실천하는 것입니다. 말씀을 듣는 것은 자기의 얼굴을 보는 것이요, 말씀을 듣고 행하는 것은 자기 영혼을 깊숙이 보는 것입니다. 분명 말씀을 듣고 행하는 자는 행하는 만큼 복을 받습니다.

야고보서 1장의 결론인 26절과 27절을 보면, 기독교가 강조하는 경건의 본질을 명확하게 설명합니다. 경건은 말로 한몫을 보는 것이 아닙니다. 교회에서의 어떤 신분이나 외형이 아닙니다. 성경이 강조하는 경건의 본질은 낮은 자세로 섬김을 실천하는 생활 신앙입니다. 우리 주변의 어려운 분들을 낮은 자세로 섬기고 보살펴 주는 것입니다.

기독교의 본질은 섬김입니다. 세상의 공식은 정복과 성공입니다. 27절은 결론적으로 우리에게 세속에 물들지 말라고 당부합니다. 세상의 기준은 섬김이 아닌 지배와 정복이지만 하나님이 원하시는 참된 성숙은 섬기는 것이기 때문입니다.

미국 오하이오 주 신시내티대학은 미국 최고의 음대 중 하나로 손꼽힙니다. 무엇보다도 그 대학은 장애인을 위한 편의시설을 완벽하게 갖추고 있습니다. 이곳은 장애인에게 천국과도 같습니다. 학교 시설의 모든 시스템이 장애인에게 편리하게 설치되어 있습니다. 휠체어를 타고 강의실로 이동하는 길, 화장실 가는 길, 공용도서관에 가는 길까지 완벽하게 갖춰져 있습니다.

대학교가 어떻게 이처럼 훌륭한 장애인 편의시설을 마련할 수 있었을까요? 그 일화가 감동적입니다. 예전에 휠체어를 이용하는 한 학생이 이 대학에 입학을 했지만, 그 학생은 불편한 시설로 인하여 학교생활을 제대로 할 수가 없었습니다. 그래서 그 학생은 학교를 상대로 고소를 했습니다. 재판 결과가 참 의미 있었습니다. "학교총장이 한 달 동안 휠체어를 타고 생활을 하면서, 그 학생이 겪었던 고충을 공감해보라." 그 얼마나 통쾌한 재판인가요? 그 법관의 판결에 따라 신시내티대학 총장은 장애인의 불편과 고충을 충분히 경험하게 되었고 결국 학교를 새롭게 변화시켰습니다. 이것이 생활 신앙의 본질입니다.

박영규 교수의 『세종의 원칙』이라는 책은 세종대왕을 통해 낮은 자세로 섬기는 리더십의 표상을 보여 줍니다. 그는 지금으로부터 600년 전, 1422년에 사회적 약자를 섬세하게 배려해 주는 사회복지 시스템을 만들었습니다. 그는 노비에게도 출산휴가를 주는 획기적인 제도를 마련해 주었습니다. 당시 산후조리 휴가가 7일이었던 것을 100일로 연장했습니다. 그리고 산전휴가 제도를 추가로 도입했는데, 임신한 노비의 경우 출산 1개월 전부터 모든 의무를 면제하도록 했습니다. 더 나아가 출산여성 노비의 남편이 군복무 중이면 30일 간의 휴가를 주도록 조치했습니다. 지금으로부터 600년 전, 옛날 왕조 시대에도 이런 파격적인 사회복지 제도를 실현했다는 사실이 놀랍습니다.

세종은 얼마나 약자보호에 세심한지 의녀제도를 도입해서 남자 의사들에게 진찰을 꺼리는 여성을 각별하게 보살펴 주었습니다. 또한 그는 나이 든 사람을 공경해야 사회풍속이 바로 선다고 주장하며 90세 이상이 된 천인에게는 남녀 불문하고 무조건 쌀 두 석을 하사했습니다. 그리고 100세를 넘기면 모두 천인 신분을 면하도록 했습니다. 태어날 때는 천인으로 태어났지만, 죽을 때는 양인의 신분으로 죽도록 한 것입니다. 아울러 80세 이상의 노인들을 위해서는 해마다 양로연을 베풀어 위로했습니다. 임금이 직접 베푼 양로잔치에는 신분에 상관없이 모든 노인들이 참석하여 즐겁게 먹고 마시게 했습니다. 이처럼 훌륭한 지도자인 세종은 노비나 여성, 죄수, 노인과 같은 사회적 약자들을 우선으로 배려하는 정책을 폈습니다. 하늘이 골고루 비를 내리듯이 임금도 모든 백성을 평등하게 대해야 한다는 것이 세종의 원칙이었습니다.

하나님은 언제나 약자 우선입니다. 성경을 관찰하면 할수록 하나님은 약한 자, 없는 자, 아픈 자, 낮은 자를 특별하게 보살펴 주십니다. 하나님 나라의 기본은 낮은 자를 섬기는 것입니다. 어린아이, 고아, 가난한 자, 힘없는 자, 혼자된 자, 어려운 상황에 있는 자, 병든 자, 아픈 자, 장애가 있는 자들을 잘 보살피고 섬기며 살라고 당부하십니다.

성도 중에 아주 순발력 있게 도움의 손길을 베풀며 사는 분들이 있습니다. 교회 내에서 생활이 어려운 분들을 은밀하게 돌보아 드리고, 자녀들의 학비조달, 선교사님들의 여러 가지 후원요청에 즉각적으로 큰돈을 쾌척하시는 분들도 있습니다. 이는 훌륭한 생활 신앙 선교라고 할 수 있습니다.

기업을 운영하시는 분 중 제 3세계에서 온 근로자들을 후하게 대우해 주고, 사랑으로 보듬어 주는 분이 있습니다. 명실공히 비즈니스 선교입니다. 생활 신앙 선교입니다. 분명 하나님께서는 그런 자를 기뻐하시고, 크게 축복하실 것입니다.

> "이런 사람은 그가 행하는 일에 복을 받을 것입니다."
>
> _야고보서 1:25(새번역성경)

지갑이나 통장에서 얼마의 돈을 이웃구제나 선교비로 활용하고 있습니까? 우리 모두 생활 신앙으로 성숙해 갈 수 있기를 바랍니다. 하나님께서 기뻐하시고, 크게 축복하실 것입니다. "낮은 자를 섬기는 것이 하나님 아버지께서 보시기에 깨끗하고 순수한 경건이다"라는 야고보서 1장의 결론처럼, 생활 신앙을 통한 성화를 추구하며 나아갑시다.

KEY POINT

1. 신앙과 인격적인 성숙은 함께 가는 것입니다. 이것은 경건, 영성 형성입니다. 곧 하나님의 성품을 닮아가는 것입니다.

2. 영적 성숙을 위해 먼저 낮은 자세로 들을 수 있어야 합니다. 또한 말을 아끼고 분노의 감정을 잘 다스릴 수 있어야 합니다.

3. 낮은 자세로 말씀을 들었다면, 그 낮은 자세로 실천해야 합니다. 약자를 우선 하시며 보살피시는 하나님을 닮아갈 수 있도록 섬김을 실천하는 그리스도인이 되어야 합니다.

1 사랑하는 형제 여러분. 여러분은 영광스러운 우리 주 예수 그리스도를 믿는 자들입니다. 그러므로 사람들을 차별해서 대하지 말기 바랍니다. 2 만일 한 사람은 좋은 옷에 금반지를 끼고 교회에 나왔고, 또 한 사람은 남루한 옷을 입고 교회에 나왔다고 합시다. 3 그 때, 옷을 잘 입은 사람에게는 "이리로 와서 좋은 자리에 앉으십시오"라고 말하고, 가난한 사람에게는 "저기에 서 있든지 내 발 밑에 앉으시오"라고 말한다면, 4 사람을 차별하고 있는 것이 아니고 무엇이겠습니까? 여러분은 악한 생각으로 사람들을 판단한 것입니다. 5 사랑하는 형제 여러분, 제 말을 잘 들으십시오. 하나님께서는 세상의 가난한 자를 택하여 믿음으로 부하게 하셨습니다. 그리고 자기를 사랑하는 백성에게 약속하신 나라를 주셨습니다. 6 그런데 여러분은 가난한 사람들을 멸시하고 있습니다. 사실 여러분의 생명을 위협하고 법정으로 끌고 가는 사람들은 부자들인데도 말입니다. 7 그들은 여러분의 주인 되신 예수님을 모독하는 자들이기도 합니다. 8 모든 법 위에 우선되는 법이 있습니다. 그 법은 성경에 기록되어 있습니다. "네 이웃을 네 몸과 같이 사랑하라." 만일 여러분이 이 율법을 지키면, 잘하는 것입니다. 9 그러나 사람을 차별하여 대한다면 죄를 짓는 것이며, 이 율법에 따라 여러분은 하나님의 법을 어긴 것이 됩니다. 10 누구든지 하나님의 율법을 다 지키다가 한 가지 계명을 어기게 되면 율법 전체를 다 어긴 자가 됩니다. 11 "간음하지 마라" 하고 말씀하신 하나님께서 "살인하지 마라" 하고 말씀하셨습니다. 그러므로 간음하지 않았다고 해도 살인을 저질렀다면, 율법 전체를 어긴 셈입니다. 12 여러분은 자유를 주는 법에 의해 심판받을 것입니다. 여러분이 말하고 행동하는 데 있어서 늘 이것을 기억해야 할 것입니다. 13 다른 사람들에게 자비를 베푸십시오. 그렇지 않으면 하나님께서 여러분을 심판하실 때, 여러분에게도 자비를 베풀지 않으실 것입니다. 자비를 베풀었던 자는 후에 아무 두려움 없이 심판날을 맞이하게 될 것입니다.

SUMMIT OF MATURITY

우리는
사랑받아야 할
주인공

──────── 요즘, 우리가 잘 모르는 신조어들이 많이 등장하고 있습니다. 그중 하나가 루키즘이라는 용어입니다. 루키즘lookism은 '룩look'과 '이즘ism'이 합성된 단어로 외모지상주의에 해당하는 신조어입니다. 이 용어는 칼럼니스트인 윌리엄 새파이어William Safire가 2000년 8월 주간지 「New York Times」의 칼럼에서 처음으로 사용했습니다. 그동안은 인종, 성별, 종교, 이념 등에 따라서 사람을 차별했는데, 이제는 사람들이 외모에 지나치게 집착하여 개인 간 우열과 성패를 가름하고 있다는 것을 그는 지적했습니다. 실제로 오늘날 외모가 연애, 결혼 등과 같은 사생활은 물론, 취업, 승진 등 사회생활 전반까지 좌우하고 있고 이에 현대인들은 외모를 가꾸는 데 많은 시간과 노력을 기울이고

있습니다.

그러다 보니 현대적 트렌드에 민감한 우리나라는 세계에서 성형수술을 가장 많이 하는 국가가 되었습니다. 이런 외모지상주의 영향으로 성형 중독증이나 다이어트 강박증 같은 현상이 번지고 있습니다. 최근에는 취업 준비생들이 영어 토익 점수를 올리는 것 못지않게 면접관들에게 좋은 인상을 심어 줄 수 있는 성형수술에 관심을 두고 있습니다. 급기야 이것이 취업 준비의 우선순위가 되는 경우도 있습니다.

요즘 결혼 조건도 예외가 아닙니다. 결혼 정보업체 등급표에는 여성이 외모 점수 만점을 받으려면 '키 170cm 이상, 몸무게 55kg 미만의 마른 체형'이어야 한다고 되어 있습니다. 남성도 과거에는 직업만 괜찮으면 좋은 배우자감이었는데, 이제는 '신장이 185cm, 체중은 75kg 정도여야 1등급'이라고 합니다. 그야말로 지금 우리 사회는 외모 내신 성적에 따라 인간 차별을 하고 있습니다.

사람을 차별하는 현상은 옛날에도 비슷했습니다. 차별의 기준은 외모와 스펙이었습니다. 하지만 하나님은 외모지상주의를 차단하십니다.

"내가 보는 것은 사람과 같지 아니하니 사람은 외모를 보거니와 나

여호와는 중심을 보느니라 하시더라"_사무엘상 16:7(개역개정)

사람들은 겉모습이나 얼굴만 보고 판단하려고 하지만, 하나님은 마음속, 그 중심을 보십니다.

유대인들은 법정 다툼을 잘했습니다. 그들은 여차하면 법원에 고소하여 판결을 받곤 했습니다. 그러다 보니 그들은 예수님을 믿은 후에도 여전히 법정 싸움이 잦았습니다. 이런 배경으로 법정에서 벌어지는 아이러니한 현상이 야고보서 2장 2절부터 생생하게 보도됩니다. 권력층이나 부유층이 법원에 들어오면 상전 모시듯이 대우합니다. 반면에 힘이 없고 가난한 사람은 아주 무시하고 차별합니다. 야고보서에서 사용하는 '차별'이라는 용어는 '그 사람의 얼굴에 따라 대우한다'라는 뜻입니다. 그래서 사람을 외모에 따라서 차별 대우하지 말라고 2장에서 세 번씩이나 당부합니다.

"내 형제들아 영광의 주 곧 우리 주 예수 그리스도에 대한 믿음을 너희가 가졌으니 사람을 차별하여 대하지 말라"_야고보서 2:1(개역개정)

"너희끼리 서로 차별하며 악한 생각으로 판단하는 자가 되는 것이 아니냐 "_야고보서 2:4(개역개정)

"만일 너희가 사람을 차별하여 대하면 죄를 짓는 것이니 율법이 너희를 범법자로 정죄하리라"_야고보서 2:9(개역개정)

차별 대우는 지금 이 세상에서도 여전히 교묘하게 이루어지고 있습니다. 일반적으로 힘없는 자의 재판은 단숨에 마무리합니다. 그러나 권력층의 판결은 최대한 오래오래 끌고 갑니다. 시간이 한참 지나고 사람들의 기억에서 아련해지면, 그 재판도 흐지부지하게 처리되고 맙니다. '무전유죄, 유전무죄'는 역사 이래로 어김없이 펼쳐지는 현상입니다.

오늘도 세상은 외모, 신분, 직급, 학벌에 따라 차별 대우합니다. 특히 우리나라는 은근히 인종차별이 심합니다. 외국인 근로자들을 은근히 무시하고 홀대합니다. 우리의 동족인 러시아의 고려인, 중국의 조선족, 그리고 북한에서 내려온 통일민들도 하대하는 경향이 있습니다. 또한 우리는 아직도 지연이나 학연에 따라 사람을 차별합니다. 실력보다 연줄이 우선입니다. 거기에다가, 우리나라 정치가 발전하기 어려운 취약점 중 하나는 지나친 지방색입니다. 그 사람의 실력이나 신실성보다, 출신 지방을 우선합니다.

요즘은 교회마저도 서로 차별 등급을 매깁니다. 그 기준이 ABC입니다. A는 교인 수Attendance, B는 건평Building, C는 예산Cash입니다. 사람들은 스스로 착각하며 살아갑니다. 큰 교회를 다니면 자신도 큰 교인이 된 것 마냥 당착에 빠집니다.

영국 감리교의 창설자 존 웨슬리John Wesley 목사님이 어느 날 꿈을 꾸었습니다. 꿈에서 천사가 자기를 천국으로 데려갔고 그는 궁금하여 물었습니다. "여기에 장로교인들이 얼마나 있습니까?" 천사는 "없습니다"라고 했습니다. "그러면 침례교인들은 얼마나 있습니까?"라고 묻자 이번에도 "없습니다"라고 답했습니다. 그는 긴장된 마음으로 다시 조심스럽게 천사에게 물었습니다. "감리교인들은 얼마나 있나요?" "없습니다." 존웨슬리는 깜짝 놀라 천사에게 다시 물었습니다. "그러면 천국에는 누가들어옵니까?" 이때 천사의 대답이 참으로 중요합니다. "천국에는 그리스도인만 들어옵니다."

이것이 교회의 본질이어야 합니다. 야고보는 자기가 예루살렘 교회의총 감독이었으나 모든 성도를 시종 "내 형제들"이라고 부릅니다. 교회는오직 예수 믿고 구원받은 사람들이 모이는 형제자매 공동체입니다.

"사랑하는 형제 여러분, 여러분은 영광스러운 우리 주 예수 그리스도
를 믿는 자들입니다. 그러므로 사람들을 차별해서 대하지 말기 바랍
니다." _야고보서 2:1(쉬운성경)

얼마나 멋진 선언입니까? 우리는 하나님의 나라에서 함께 영광을 누릴 자들입니다. 그러기에 우리가 사람을 어떤 외모나 신분에 따라 차별하는 것은 잘못이라고 지적합니다. 야고보서 2장 4절에서는 사람을 차별하는 것은 악한 생각으로 하는 소행이라고 더욱 엄격하게 선언합니다.

야고보서 2장 9절부터 12절에서는 우리에게 조금 더 직선적으로 경각심을 줍니다. "사람을 차별하는 것은 하나님의 율법을 어겨 죄를 짓는 것이며, 결국 하나님께 심판받을 것이다." 이처럼 차별은 하나님이 보시기에 나쁜 죄입니다. 차별은 하나님께 죄를 짓는 것입니다.

영국의 폴 조엣Paul Jowett 박사는 이런 말을 합니다. "하나님은 인간을 수평적으로 대우하시는데, 사람들은 수직적으로 구분합니다. 그래서 상류층, 중산층, 하류층으로 나누기도 합니다. 그러나 하나님의 은혜에는 차등이 없습니다. 하나님은 이 세상 모든 사람을 평등하게 사랑하십니다. 하나님의 구원 방식에는 어떤 차별도 없습니다. 그야말로 무제한 무차별로 누구든지 구원해 주십니다. 우리는 모두 동등한 구원을 받은 자입니다. 따라서 우리는 예수 그리스도 안에서 형제자매요, 친구입니다."

교회 안에서는 어떠한 편애나, 파벌 의식, 지방색, 우월 의식도 있어서는 안 됩니다. 어떤 분의 표현대로 교회는 성자들의 호텔이 아니라, 죄인들의 병원입니다Church is not the hotel of the saints, but the hotel of the sinners. 우리는 가난한 자와 부한 자, 강자와 약자, 구세대와 신세대로 편 가르기를 해서는 안 됩니다.

> "재판을 할 때는 공정하게 하여라. 가난한 사람이라고 해서 감싸 주거나, 힘있는 사람이라고 해서 편들어 주지 마라. 이웃을 재판할 때는 공정하게 하여라."_레위기 19:15(쉬운성경)

우리의 구원은 하나님의 무조건적인 선택에 기준하고 있습니다. 곧 은혜로운 선택입니다. 우리가 예수 믿고 구원받은 자라면 모두가 한 형제요, 자매입니다. 더구나 우리는 하나님의 나라에서 영광을 누릴 존귀한 자들입니다. 하나님은 우리의 지상적 형편과 수준에 관계없이 '부요한 믿음'을 주셨고, '천국'을 상급으로 주셨습니다. 또한 '구원'에는 '차등'이 있을 수 없습니다. 동일한 시민입니다고전 1:26-27. 성경은 "하나님의 구원 초청은 지극히 평범하다"라는 사실을 강조합니다. '천국은 아무것도 자랑할 만한 것이 없는 자들이 들어가는 곳'입니다. 그러므로 우리는 어떤 차등 의식으로 살 것이 아니라, 오직 사랑으로 살아야 합니다.

야고보서 2장 전반부는 사랑이 법 중의 법이요, 최고의 법이라고 정의합니다약 2:8. 모든 법 위에 우선되는 법이 있습니다. 그 법은 성경에 기록

되어 있습니다. "네 이웃을 네 몸과 같이 사랑하라." 그렇다면 사랑의 본질은 무엇일까요? 야고보서 2장은 사랑의 본질 두 가지를 말해 줍니다.

1. 사랑하면 차별하지 않는다

사랑은 사람을 차별 대우하지 않습니다. 가난하건 부하건, 우리는 모두 하나님 앞에 평등합니다. 온몸을 아름답게 가꾸고 멋지게 장식하였든, 남루한 옷을 입었든 우리는 예수님 안에서 동등합니다. 우리는 모두 예수님의 십자가 보혈로 구원받은 형제자매입니다. 교회 안에서 한 가족이요, 하나님 나라의 동등한 백성입니다. 예수님은 우리의 외모에 관심이 없으십니다. 오직 우리의 내면을 보십니다. 우리의 신분보다는 사람됨을 보십니다. 성공보다 성품을 보십니다. 능력보다 인격을 보십니다.

성경의 중심 사상은 '사랑love'입니다. 단순한 계율이나 윤리 규범이 아닙니다. 하나님 사랑, 이웃 사랑입니다. 기독교의 핵심은 하나님께서 인류를 사랑하시듯이 이웃을 사랑하라는 것입니다. '사람 사랑'이 최고의 법royal law이며, 율법 중의 율법입니다.

"사랑은 율법의 완성입니다."_로마서 13:10(새번역성경)

성경은 종교 의식적 법만 잘 지키는 법통 주의자가 될 것이 아니라, 사랑의 사람이 될 것을 당부합니다. 예수님은 우리의 근본적 문제가 사랑의 결핍이라고 지적하십니다. 성경 말씀 그대로 사랑만이 율법의 완성입니다. 지고선至高善입니다. 그리고 이러한 사랑 안에선 차별이 생기지 않습니다.

2. 사랑하면 정죄하지 않는다

사랑 없이 살수록 비판을 하게 됩니다. 남의 흉을 보고, 헐뜯습니다. 약점을 끄집어냅니다. 사랑이 없는 사람일수록 쉽게 정죄합니다.

> "긍휼을 베풀지 않는 사람에게는 긍휼 없는 심판이 있을 것입니다.
> 긍휼은 심판을 이깁니다."_야고보서 2:13(우리말성경)

오늘 우리에게 가장 필요한 것은 긍휼입니다. 자비의 마음입니다. 서로 안쓰럽게 여기고 불쌍히 여기는 마음입니다. 사랑은 결코 정죄하지 않습니다. 오히려 연민의 가슴으로 품어야 합니다.

이동원 목사님의 야고보서 강해 설교집 『너희는 성숙을 점검하라』에 이런 일화가 있습니다. 나치 전범들이 예루살렘 법정에서 재판받을 때 유대인 철학자 한나 아렌트Hannah Arendt는 수많은 유대인 학살의 주동자인 아돌프 아이히만Adolf Eichmann의 재판을 방청하러 갔습니다. 그는 이 악한 사람이 정죄 받고 사형선고 받는 역사적 장면을 놓치고 싶지 않았기에 마음 깊은 곳으로부터 그를 향한 불타는 증오심을 안고 법정의 방청석에 앉았습니다. 그런데 자기 눈앞의 법정 좌석에 앉아있는 초라한 노인, 자신에게 내려질 사형선고를 기다리며 불안과 공포에 떨고 있는 한 평범한 인간 본연의 모습을 보았습니다. 법정에서도 자식을 걱정하고 아내를 염려하는 노인의 얼굴을 대면하는 순간, 그가 그렇게 수많은 자기 동족들을 가스실로 보낸 악인이라는 사실이 믿어지지 않았습니다. 그처럼 흉악한 학살의 주범인 그 역시 너무나 평범한 자기와 다를 것이 없는 인간이라는 사실이 믿을 수 없는 충격으로 다가왔습니다. 그는 철학자로서 선과 악을 제대로 분별하지 못하는 인간 본연의 죄를 대변하면서, 동시에 용서를 절실하게 필요로 하는 인간의 실존을 깊이 이해하게 되었습니다. 그래서 그는 철학자로서 "악의 평범성banality of evil"이라는 유명한 명제를 말하게 되었습니다.

우리는 모두가 긍휼의 대상입니다. 정죄와 심판의 대상이 아닌, 사랑의 대상입니다. 오늘 야고보서 2장의 핵심 메시지는 아주 명료합니다. "긍휼을 베풀지 않는 사람에게는 긍휼 없는 심판이 있을 것입니다. 긍휼은 심판을 이깁니다." 우리는 모두가 긍휼히 여김을 받고, 사랑받아야 할 주인공입니다. 서로 고백합시다. "저는 긍휼의 대상입니다. 저는 사랑이 필요한 존재입니다."

인생은 복잡하지 않습니다. 단순합니다. 사랑하면 차별하지 않습니다. 사랑하면 정죄하지 않습니다. 성경은 우리에게 놀라운 미래를 보장합니다.

"자비한 자에게는 주의 자비하심을 나타내시며"_시편 18:25(개역한글)

"긍휼히 여기는 자는 복이 있나니 저희가 긍휼히 여김을 받을 것임이요"_마태복음 5:7(개역한글)

이것이 예수님의 십자가 사랑입니다. 예수님은 나를 사랑하시기에, 나를 차별 대우하지 않으십니다. 나 같은 죄인도 결코 정죄하지 않으십니다. 오직 사랑과 긍휼을 베풀어 주십니다. 그러므로 우리는 모두가 사랑받아야 할 주인공입니다.

끝으로 미국 교회 지도자인 마크 배터슨Mark Batterson의 말을 나누고자 합니다. "사랑하라, 그들이 기대하지 않을 때. 사랑하라, 그들이 받을 자격이 없을 때, 사랑하라."

1. 세상은 사람을 차별하지만 하나님의 나라에선 차별이 존재하지 않습니다. 온전히 은혜로 구원받은 존재인 우리 역시 사람들을 차별하지 않고 사랑해야 합니다.

2. 사랑은 성경의 중심 사상이며 율법의 완성입니다. 하나님이 우리를 사랑하신 것처럼 우리도 하나님 사랑, 이웃 사랑이라는 최고의 계명을 지켜야 합니다.

3. 사랑 안에선 비판과 정죄가 없습니다. 하나님께서 우리를 긍휼히 여기신 것처럼 우리도 다른 사람들에게 긍휼을 베풀어야 합니다.

PART 2

삶으로
사랑을 실천하는
그리스도인

✝ 야고보서 2:14-26 | 새번역성경 |

14 나의 형제자매 여러분, 누가 믿음이 있다고 말하면서도 행함이 없으면, 무슨 소용이 있겠습니까? 그런 믿음이 그를 구원할 수 있겠습니까? 15 어떤 형제나 자매가 헐벗고, 그 날 먹을 것조차 없는데, 16 여러분 가운데서 누가 그들에게 말하기를 "평안히 가서, 몸을 따뜻하게 하고, 배부르게 먹으십시오" 하면서, 말만 하고 몸에 필요한 것들을 주지 않는다고 하면, 무슨 소용이 있겠습니까? 17 이와 같이 믿음에 행함이 따르지 않으면, 그 자체만으로는 죽은 것입니다. 18 어떤 사람은 이렇게 말할 것입니다. "너에게는 믿음이 있고, 나에게는 행함이 있다. 행함이 없는 너의 믿음을 나에게 보여라. 그리하면 나는 행함으로 나의 믿음을 너에게 보이겠다." 19 그대는 하나님께서 한 분이심을 믿고 있습니다. 잘하는 일입니다. 그런데 귀신들도 그렇게 믿고 떱니다. 20 아, 어리석은 사람이여, 그대는 행함이 없는 믿음은 쓸모가 없다는 것을 알고 싶습니까? 21 우리 조상 아브라함이 자기 아들 이삭을 제단에 바치고서 행함으로 의롭게 된 것이 아닙니까? 22 그대가 보는 대로 믿음이 그의 행함과 함께 작용을 한 것입니다. 그러므로 행함으로 믿음이 완전하게 되었습니다. 23 그래서 "아브라함이 하나님을 믿으니, 하나님께서 그것을 아브라함의 의로움으로 여기셨다"고 한 성경 말씀이 이루어졌고, 또 사람들이 그를 하나님의 벗이라고 불렀습니다. 24 여러분이 아는 대로, 사람은 행함으로 의롭게 되는 것이지, 믿음으로만 되는 것이 아닙니다. 25 창녀 라합도 정탐꾼들을 접대하여 다른 길로 내보내서, 행함으로 의롭게 된 것이 아닙니까? 26 영혼이 없는 몸이 죽은 것과 같이, 행함이 없는 믿음은 죽은 것입니다.

동사
신앙으로
살기

Chapter 06

──────── 강원도 오지 방태산 기슭에서 한약방
을 운영하면서 수많은 불치병, 난치병 환자를 고쳐준 민속 한의학자 김
영길 선생님의 책 제목이 의미 있게 다가옵니다. 『누우면 죽고 걸으면 산
다』에서 그는 이런 역설을 외칩니다.

"누워 있다가 죽든가, 걸어서 살든 가를 선택하라."

기독교 신앙의 본질은 명사가 아닌, 동사입니다. 하나님의 이름부터가
동사입니다. 여호와라는 이름 자체가 '나는 스스로 있는 자'라는 동사형
입니다. 따라서 기독교 신앙의 본질은 실천입니다. 행동입니다. 우리가
성장하고 성숙하기 위해서는 일단 해 보아야 합니다. 어린아이는 발걸음

을 시도해야 걷기 시작합니다. 우리 몸을 물에 담가봐야 물의 깊이를 알고, 헤엄을 칠 수 있는 것입니다.

야고보서 2장 후반부에서는 신앙과 실천의 균형을 명료하게 규정해 줍니다. 믿음이라는 단어를 15번, 행함을 12번 정도 반복하여 강조하고 있으며 믿음과 행동, 신앙과 실천은 하나라는 개념을 다음과 같이 정의해 주고 있습니다.

바 울	야고보
구원의 뿌리로서의 **믿음**을 말한다.	구원의 열매로서의 **행함**을 말한다.
우리는 **믿음**으로 그리스도인이 됨을 말한다.	우리는 **행함**으로 그리스도인답게 살아간다.
예수님을 신뢰하는 **믿음**을 말한다.	예수님처럼 실천하는 **행함**을 말한다.

이처럼 믿음과 행위는 서로 상충되는 것이 아니라, 상호 보완적입니다. 바울은 우리가 어떻게 하면 그리스도인이 될 수 있는가를 강조하는 반면, 야고보는 우리가 어떻게 하면 그리스도인답게 살아갈 수 있는가를 피력합니다. 곧 믿음과 행동의 조화입니다.

독일의 신학자 디트리히 본회퍼D. Bonhoeffer도 이렇게 말합니다. "믿음과 행함은 불가분의 관계에 있다. 행함과 믿음, 믿음과 행함은 항상 함께 있다. 믿음만 중시하게 되면 자칫 값싼 은혜에 빠지게 된다." 하나님께서 베풀어 주시는 고귀한 은혜를 받고도 아무런 반응 없이 살다 보면 그처럼 값비싼 은혜가 싸구려가 된다는 말입니다. 행함이 없는 신앙일수록 저급 종교로 변질되고야 맙니다.

　이것이 한국 교회의 병리 현상입니다. 은혜만을 좋아할 뿐, 행함과 실천을 소홀히 합니다. 소위 장롱 면허증과 같습니다. 면허증이 있어도 자동차 운전을 하지 않으면 전혀 실효성이 없는 것과 마찬가지입니다. 입버릇처럼 '믿음, 믿음' 하지만 정작 행함은 전혀 없습니다. '나토족NATO'이라는 말이 있습니다. 'No Action, Talking Only'인데, 행동은 없고 말뿐인 사람이라는 뜻입니다. 우리 한국 교회도 신앙과 생활, 즉 신행일치의 불균형과 신행합일의 부조화 때문에 많은 손가락질을 받고 있습니다. 우리 그리스도인들이 사회로부터 신뢰를 잃는 가장 큰 이유는 '언행 불일치' 때문입니다. 말은 신앙적으로 하는데, 행동은 여전히 비신앙적이고, 말하는 것은 그리스도인인데 행동하는 것은 예수 믿는 신자답지 못합니다. 이런 모순으로 한국 교회는 하나님의 고귀한 은혜를 싸구려 신앙으로 변질시키고 있습니다.

　우리는 예수님의 십자가 보혈 은총이라는 값비싼 구원을 받은 자로서 고등 윤리를 지키며 살아야 합니다. 기독교 초기의 위대한 설교자 크리소스톰John Chrysostom는 이런 말을 합니다. "만일 그리스도인들이 불신자들의 기대만큼만 산다면 불신자들은 저절로 사라질 것이다." 세상 사람들은 기독교의 성경을 읽는 대신, 기독교인의 생활을 읽고 있습니다.

우리는 참된 신앙을 삶으로 나타내야 합니다. 미국 IBM 회사의 슬로건이 멋집니다. "Stop talking, start doing말만 하지 말고, 행동으로 시작하라." 오늘날 그리스도인들에게 꼭 필요한 슬로건입니다. 기독교 신앙이란 단순한 이지적 동의가 아니라, 전인격적으로 변화된 삶을 요구합니다. 나무는 그 '열매'로 식별될 수 있듯이, 믿음은 그 '행위'로 나타납니다. 우리에게 필요한 것은 더 이상 말이 아니라 행동입니다. 종교적 신앙생활이 아닌, 실천적 생활 신앙이어야 합니다. 이와 관련하여 야고보서 2장은 네 종류의 신앙을 정의해 줍니다.

첫째, 구원 없는 신앙입니다. 성경은 행함 없는 믿음에 대해 정면 도전합니다.

> "형제 여러분, 믿음이 있다고 하면서 실천하지 않으면 무슨 소용이 있습니까? 그런 믿음으로 구원을 받을 수 있겠습니까?"
>
> _야고보서 2:14(현대인의성경)

금세기 최고의 성경 주석가 윌리엄 바클레이William Barclay는 말씀을 일목요연하게 해석합니다. "행위로 구원 얻을 수 있는 사람이 없다는 것도 사실이지만, 마찬가지로 행함이 없이 구원받을 사람도 없는 것입니다." 근본적으로 구원받지 못했기 때문에 하나님의 말씀대로 행하지 않는 것입니다. 곧 나무는 그 열매로 입증하는 것입니다.

둘째, 죽은 신앙입니다. 야고보는 행함이 없는 신앙에 대해 정곡을 찌릅니다.

> "행동이 따르지 않는 믿음은 죽은 믿음입니다."
>
> _야고보서 2:17(쉬운성경)

더 나아가 행함 없는 믿음에 대한 분명한 결론을 내립니다.

> "영이 없는 몸이 죽은 것처럼 행동이 따르지 않는 믿음은 죽은 것입니다." _야고보서 2:26(현대인의성경)

죽은 사람은 움직이지 않습니다. 죽었기 때문에 행동하지 못하는 것입니다. 요한계시록 3장 1절을 보면 터키현 뒤르키에 지역에 있었던 사데 교회 교인들은 명목상만 신자였을 뿐, 실제로는 죽은 신앙이었습니다. 요즘 한국 교회가 이런 실상입니다. 사회의 손가락질에도 맥을 못 추는 죽은 신앙의 모습만 보일 뿐입니다.

셋째, 헛된 신앙입니다. 야고보는 실천 없는 신앙에 대해 정면 도전합니다.

"아, 허망한 사람이여! 당신은 행함이 없는 믿음이 헛되다는 것을 압니까?"_야고보서 2:20(우리말성경)

성경 원문을 보면 멋진 음률로 문장구조를 이룹니다. 행함이라는 단어는 에르게erge이고, 헛되다는 단어는 아르게arge입니다. 행함이 없으면 허망할 뿐입니다.

현대판 로미오와 줄리엣 이야기의 일화를 적용해 볼 수 있습니다. 로미오가 애인에게 아주 멋진 편지를 씁니다.

"사랑하는 줄리엣, 그대의 눈동자를 보기 위해서라면 태평양이라도 헤엄쳐서 건너가고, 그대의 부드러운 손을 한번 잡아보기 위해서라면 불 속에라도 뛰어들겠소. 다음 토요일에 그대를 찾아갈 것이오. 물론 비가 오지 않으면 말이오."

편지의 문장력은 화려한데, 그의 실천력은 무용지물입니다. 달콤한 감언이설로 줄리엣을 꼬일 뿐, 행동이 없습니다. 사랑한다는 말만 할 뿐, 어떤 실제적 행위가 없는 것입니다. 가짜입니다. 이처럼 손과 발이 움직이지 않는 신앙생활은 죽은 믿음입니다.

하나님은 말로만 차려 놓는 제사를 기뻐하시지 않습니다. "도대체 너는 나를 위하여 무엇을 하고 있느냐?"라고 물으십니다. 우리는 정통교리orthodox에만 얽매이지 말고, 정도실천orthopraxy으로 살아야 합니다. 바른 신앙에 기초한 바른 생활이 따라야 합니다.

넷째, 행동하는 신앙입니다. 야고보서의 주제는 실천적 성숙입니다. 우리는 모든 분야에서 믿음으로 실행하는 만큼 성숙해질 수 있습니다. 야고보서의 서론인 1장 22절은 실제적인 행동강령을 지침으로 줍니다.

> "여러분은 말씀을 실천하는 사람이 되고 듣기만 해 자신을 속이는 사람이 되지 마십시오."_야고보서 1:22(우리말성경)

즉 속이지 말고deceiving, 실천하라doing는 것입니다. 야고보의 설명은 참 역동적입니다. 죽은 믿음dead belief, 17절, 귀신적 믿음demonic belief, 19절에서 행동하는 믿음dynamic belief, 21-25절으로 주제를 전환합니다.

인디언의 격언에 "행동은 말보다 크게 말한다"라는 좋은 교훈이 있습니다. 교회에서의 다양한 성경공부, 제자훈련, 설교도 마찬가지입니다. 내가 먼저 솔선수범해야 사람들을 움직일 수 있습니다. 영적 성숙은 실천하는 만큼 이루어집니다. 많이 아는 사람이 성숙한 성도가 아니라, 조금 배웠어도 깨달은 대로 순종하며 행동하는 사람이 성숙한 성도입니다. 의지적 결단을 내리는 사람이 믿음이 살아있는 성도입니다.

예수님은 말만 하는 자가 되지 말고, 먼저 실행하는 자가 되라고 당부하십니다. 기독교 신앙은 머리로만 동의하거나, 마음으로 감동만 받는 것이 아닙니다. 실천하는 행동입니다. 예수님은 오늘도 이렇게 당부하십니다. "가서 너도 그와 같이 하라."

그렇다면 이 말씀은 무엇을 어떻게 하라는 행동강령인가요?

1. 사랑을 실천하자

사랑은 혀가 아닌 손의 실천, 말이 아닌 행함의 실천을 요구합니다.

"여러분의 친구 한 사람이 먹을 것도 입을 것도 없는 빈털터리가 되었다고 합시다. 그런 사람에게 여러분이 '참 안됐구려. 따뜻하게 지내고 배불리 먹으시오' 하는 말만 하고 아무런 도움을 주지 않는다면 그따위 신앙이 무슨 소용이 있습니까? 이것으로 알 수 있듯이 믿음을

가지는 것만으로는 충분하지 않습니다. 믿음을 선한 행실로 증명해

보이십시오. 증명해 내지 못하는 믿음은 믿음이 아닙니다. 그런 믿음

은 아무짝에도 소용없는 죽은 것입니다." _야고보서 2:15-17(현대어성경)

말은 누구나 할 수 있습니다. 그러나 기독교는 말로 하는 신앙이 아닙니다. 사랑을 실천하는 신앙입니다. 사랑의 본질은 행동입니다. 배고픈 자에게 먹을 것을 주고, 헐벗은 자에게 입을 옷을 주고, 아픈 자를 찾아가 동무가 되어주는 것입니다.

또한 요한일서 3장 17절에서 18절은 이렇게 도전합니다.

"누구든지 세상 재물을 갖고 있으면서 자기 형제나 자매의 궁핍함을

보고도 도와줄 마음이 없다면 어떻게 그 사람 안에 하나님의 사랑이

있다고 하겠습니까? 자녀들이여, 우리가 말과 혀로만 사랑하지 말고

행동과 진실함으로 사랑합시다." _요한일서 3:17-18(우리말성경)

우리는 더 나누며 베풀며 사랑을 실천해야 합니다. 무엇보다 행동과 진실함으로 사랑해야 합니다. 사랑을 실천합시다.

2. 순종을 실천하자

야고보는 여기서 매우 대칭적인 예를 들어 설명하고 있습니다. 아브라함과 라합의 믿음입니다. 아브라함은 남자요, 라합은 여자입니다. 아브라함은 이스라엘인이고, 라합은 이방인입니다. 아브라함은 족장patriarch이고, 라합은 창녀prostitute입니다. 아브라함은 유명인major somebody이고, 라합은 무명인minor nobody입니다. 그런데 이 두 사람은 한 가지 공통점을 갖고 있습니다. 바로 순종하는 믿음입니다.

야고보는 아브라함의 믿음의 특징을 '순종obey'이라고 설명하며 이에 대해 강조합니다. 아브라함은 하나님께서 독자 이삭을 제물로 바치라고 명령하셨을 때 쉽게 이해할 수 없더라도, 일단 순종했습니다약 2:21-24. 아브라함은 믿음의 출발부터가 순종하는 삶이었습니다.

"믿음으로 아브라함은 하나님께서 그에게 약속하신 땅으로 가라는 하나님의 부르심에 순종하였습니다. 그는 가야 할 곳도 모른 채 자기 고향을 떠났습니다."_히브리서 11:8(쉬운성경)

야고보는 라합이라는 여성의 신앙의 특징도 순종이라고 강조합니다. 그 여인은 가나안 땅을 정탐하러 온 이스라엘 지도자들을 믿음으로 잘 숨겨주었습니다^약 2:25.

> "믿음으로 기생 라합은 정탐꾼들을 잘 대접하여, 하나님께 순종하지
> 않은 자들이 죽임을 당할 때 구원을 받았습니다."
>
> _히브리서 11:31(쉬운성경)

여기서 핵심 단어는 순종입니다. 라합은 하나님께 순종하는 신앙으로 구원받았습니다. 결국 야고보서에서 강조하는 동사는 '순종'입니다. 이것은 신앙의 본질입니다.

끝으로 미군 병사들의 인사구호를 함께 기억합시다.

"Surrender! 순종하겠습니다!"

1. 성경은 믿음과 행위는 상호 보완적이라는 사실을 분명하게 가르쳐 줍니다. 우리는 신앙과 실천이 균형을 이루는 삶을 살아야 합니다.

2. 행함이 없는 신앙은 구원 없는 신앙, 죽은 신앙, 헛된 신앙입니다. 우리는 믿음으로 실행하는, 실천하는 신앙인이 되어야 합니다.

3. 성경은 말로만이 아닌, 행함으로 사랑을 실천할 것을 가르쳐 줍니다. 또한 순종을 실천하는 것이 신앙의 본질임을 알려 줍니다.

✝ 야고보서 3:1-12 | 메시지성경 |

1 친구 여러분, 성급하게 선생이 되려고 하지 마십시오. 가르침에는 막중한 책임이 따릅니다. 선생은 가장 엄격한 기준을 적용받습니다. 우리 가운데 완전한 자격을 갖춘 사람은 하나도 없습니다. 2 우리는 입을 열 때마다 거의 매번 실수를 저지릅니다. 온전히 참된 말을 하는 사람을 만난다면, 여러분은 삶을 완벽하게 제어하는 완전한 사람을 보고 있는 것입니다. 3 말의 입에 물린 재갈이 말의 온몸을 통제합니다. 4 큰 배라도 능숙한 선장의 손에 작은 키가 잡혀 있으면, 그 배는 아무리 거센 풍랑을 만나도 항로를 벗어나지 않습니다. 5 여러분의 입에서 나오는 말이 하찮아 보이지만, 그 말은 무슨 일이든 성취하거나 파괴할 수 있습니다! 잊지 마십시오. 아주 작은 불꽃이라도 큰 산불을 낼 수 있습니다. 6 여러분의 입에서 나오는 부주의한 말이나 부적절한 말이 그 같은 일을 합니다. 우리는 말로 세상을 파괴할 수도 있고, 조화를 무질서로 바꿀 수도 있고, 명성에 먹칠을 할 수도 있고, 지옥 구덩이에서 올라오는 연기처럼 온 세상을 허망하게 사라지게 할 수도 있습니다. 7 두려운 일이 아닐 수 없습니다. 여러분이 호랑이는 길들일 수 있지만, 혀는 길들일 수 없습니다. 8 이제껏 혀를 길들인 사람은 아무도 없었습니다. 혀는 사납게 날뛰는, 무자비한 살인자입니다. 9 우리는 혀로 하나님 우리 아버지를 찬양하기도 하고, 바로 그 혀로 하나님이 자기 형상대로 지으신 사람들을 저주하기도 합니다. 한 입에서 저주도 나오고 찬양도 나옵니다! 10 친구 여러분, 그런 일이 계속 일어나서는 안됩니다. 11 샘이 하루는 단물을 내고, 다음날은 쓴물을 낼 수 있겠습니까? 12 사과나무가 딸기를 낼 수 있습니까? 딸기 덩굴이 사과를 낼 수 있습니까? 더러운 진흙 구덩이에서 맑고 시원한 물 한 잔을 얻을 수 있겠습니까?

SUMMIT OF MATURITY

당신은
말을 잘하나요?
잘 말하나요?

Chapter 07

──────── '말을 잘하는 것'과 '잘 말하는 것'은
본질적으로 다릅니다. 말로 한몫 보려고 하는 자일수록 믿기가 어렵습
니다. 말만 앞세우는 자일수록 진정성이 없을 수 있습니다. 갈수록 신뢰
가 떨어집니다. "너, 말 잘했다"라는 말과 "와! 당신 아주 잘 말했어요"
라는 말은 근본이 다릅니다. 청산유수, 임기응변으로 말을 잘하는 사람
일수록 내실이 없습니다. 말쟁이일수록 궤변을 잘 늘어놓습니다. 결국
그 사람을 신뢰하기가 어려워집니다. 잠언 말씀대로, 말이 많을수록 진
실은 적어집니다.

"말이 많을수록 진실은 적어진다. 지혜로운 사람은 말을 가려서 한다."

반면, 잘 말하는 것은 자신의 진정성을 표현하는 것입니다. 우리가 어떤 위기 상황에서도 잘 말하면, 천 냥 빚도 탕감 받을 수 있습니다. 따라서 그 사람의 성숙을 알 수 있는 기준지표 중 하나가 있다면 그의 언어생활입니다. '일상생활에서 어떤 내용을 말하는가?' '어떻게 말하는가?' 그가 주로 사용하는 단어나 어휘, 그리고 말하는 태도가 영적 성숙 지표입니다. 영적 온도입니다.

야고보서 3장은 크게 두 가지 구조를 이룹니다. 전반부1-12절는 말을 잘 다스리기이고, 후반부13-18절는 마음 다스리기입니다. 야고보는 3장 2절에서 야고보서의 주제 단어를 반복하는데 그 단어는 바로 '성숙'입니다. 우리가 신앙과 인격이 진정으로 성숙하려면 말을 잘 다스려야 합니다Maturity comes from mastery.

어떤 현인이 이런 말을 합니다. "위대한 마음을 가진 사람은 사상을 이야기하고, 평범한 마음을 가진 사람은 사건 얘기하기를 좋아하고, 협소한 마음을 가진 사람일수록 사람 이야기를 좋아한다."

당신은 어떤 종류의 이야기를 좋아하나요? 사상이나 비전이나, 꿈, 이상입니까? 아니면 주로 사건 이야기나, 사람 비판입니까? 영적으로 성숙한 자일수록 콘텐츠content가 있는 얘기를 합니다.

반면에 신앙과 인격이 성숙하지 못한 사람일수록 내실 없는 말을 많이 합니다. 질적으로 들을 게 없는 말을 즐깁니다. 말은 많은데, 건질 게 없습니다. 우리는 하루에도 쓸데없는 말, 아무 소용없는 말을 많이 하면서 살아갑니다. 때로는 "이런 말을 하지 않으려 했는데…"라고 말하면서 사람 속을 긁기도 합니다. 군이 안 해도 될 얘기를 하여 상처를 주고, 결국 자신의 수준도 떨어뜨립니다. 과잉 중 최고의 과잉은 말이 많은 것입니다. 말이 많은 사람과 같이 지내는 것만큼 힘든 일도 없습니다.

우리는 가급적 말을 줄여야 합니다. 대부분의 말이 쓸데없는 말입니다. 알맹이가 없습니다. 알베르트 아인슈타인Albert Einstein 교수에게 한 학생이 물었습니다. "교수님 같은 대과학자가 될 수 있는 비결은 무엇입니까?" 아인슈타인은 이렇게 대답했답니다. "되도록 입은 적게 움직이고, 머리를 많이 움직이게."

"웅변이 은이면, 침묵은 금이라"는 말은 새겨들을 만한 격언입니다. 사실 사람이 태어나서 말을 배우는 데는 2년이면 되지만, 침묵을 배우기 위해서는 약 60년이 걸립니다. 어떤 연구가가 한 사람이 하루에 사용하는 단어의 수를 조사해 보았습니다. 남자는 약 2만 5천 마디를 말하고,

여자는 3만 마디의 말을 한다는 통계가 나왔습니다. 동서고금을 막론하고 말을 많이 하는 것이 좋다는 주장은 찾아보기 힘듭니다.

한자에 '다언삭궁^{多言數窮}'이라는 사자성어가 있습니다. 중국의 성현 노자^{老子}의 교훈입니다. '말을 많이 할수록 그만큼 곤란해질 수 있다'라는 뜻입니다. 말은 많이 하면 많이 할수록 구차해집니다. 권위도 떨어집니다. 사람들이 잔소리라고 생각하기도 합니다.

말이 길어지는 것은 우리가 스스로 점검해야 할 요소 중 하나입니다. 인디언들은 적게 말하고, 오래 듣는 일에 익숙하다고 합니다. 노자는 이런 가르침도 주고 있습니다. "입 안에 말이 적고, 마음에 일이 적고, 뱃속에 밥이 적어야 한다." 말은 다 하지 않고 남겨두어야 매력이 있습니다. 이것이 말의 여백입니다.

성경은 무엇보다도 말의 절제와 성숙을 강조합니다. 특히 덕을 세우는 말, 은혜를 끼치는 말을 당부합니다. 마귀가 즐기는 이간질이나 참소하는 말, 음흉한 말은 절대적으로 금지합니다.

현대인들의 문제 중 하나는 말할 자격이 없는 사람들이 너무 많은 말을 한다는 것입니다. 그래서 야고보서 3장 1절에서는 성급하게 선생 노릇을 하려고 하지 말라고 당부합니다. 요즘 유행하고 있는 은어 중 '꼰대'라는 말이 있는데, 바로 이 꼰대가 되지 말라는 경고입니다. 꼰대라는 말은 1990년대 청소년들이 사용했던 은어인데, 본인은 실천하지 않으면서 남에게 강요하는 꼰대질을 하지 말라는 일침입니다. 여기 '선생이 되려고 하지 말라'는 표현은 그리스 로마 시대 배경에서 나온 것입니다. 그당시 학문 중에서 최고는 수사학과 웅변술이었습니다. 사람들 앞에서 말을 잘하는 자의 인기가 절정이었습니다. 그래서 사람들은 영웅심으로 앞에 나가서 남을 가르치려고만 했던 것입니다.

우리는 말을 했으면 실천해야 합니다. 말로 덕을 세우고, 은혜를 끼쳐야 합니다. 이것이 말의 영성과 영적 권위입니다. 다산 정약용이 말하듯이 "혀 밑에는 도끼가 있습니다." 사람의 혀는 뼈가 없어도 뼈를 부숩니다. 그래서 요즘 신조어로 '대화의 테러리스트'라고 합니다. 실제로 우리 주변에는 말로 상처받고 아파하는 분들이 많습니다.

야고보서 3장은 말의 이중성을 대칭적으로 설명합니다. 말의 창조성과 파괴성, 긍정적 잠재력2-5a절과 부정적 잠재력5b-8절을 설명합니다. 아주 실제적인 설명으로 대칭을 이루어 갑니다. 큰 배를 조종하는 작은 키, 큰 말을 통제하는 작은 재갈, 큰 산불을 내는 작은 불씨처럼 우리의 말은 엄청난 힘을 갖고 있습니다. 결국 우리의 혀는 악한 영향을 줄 수도 있고, 반대로 선한 영향을 줄 수도 있습니다evil or excellent influence. 말을 할 때 주로 '긍정적으로 하느냐, 부정적으로 하느냐', '건설적으로 말하느냐, 파괴적으로 말하느냐', '은혜로운 말을 하는가, 세속적으로 말을 하는가'입니다. 한자어로 구화지문口禍之門 혹은, 구복지문口福之門입니다. 말로 화를 초래할 수도 있고, 복을 가져다줄 수도 있습니다.

말에는 놀라운 힘이 있습니다. 사람을 살리기도 하고 죽이기도 합니다. 말로 높여주거나 내려뜨립니다. 좋게 말하거나 나쁘게 말합니다. 유익을 주거나 유해를 끼칩니다. 한마디로 우리의 말이 약이냐, 독이냐입니다. 잠언 10장 11절은 이렇게 정의해 줍니다. 북한성경이 아주 실감 나게 표현합니다. "착한 사람의 입은 생명의 샘이 되지만, 나쁜 사람의 입은 독을 머금는다." 일반적으로 질이 좋지 않은 사람의 말에는 독소가 들어 있습니다.

잠언 10장 20절과 21절에서도 아주 사실적으로 대비시켜 줍니다.

"선한 사람의 말은 기다려서 들어 볼 만하지만 악한 사람의 지껄임은 아무 쓸모가 없다. 선한 사람의 말은 많은 이들에게 진수성찬이 되지만 말만 많은 사람은 허전한 마음을 주체하지 못하고 죽는다."

_잠언 10:20-21(메시지성경)

우리는 살리는 말을 해야 합니다. 마음에 감동을 주어야 합니다. 격려하는 말, 창조적인 말, 치유하는 말, 특히 그의 꿈과 계획이 이루어지도록 말로 새 힘을 주어야 합니다.

"되는 대로 하는 말은 비수처럼 찌르지만, 지혜로운 자의 혀는 상한 마음을 고쳐 준다."_잠언 12:18(쉬운성경)

탈무드에 이런 교훈적인 이야기가 나옵니다. 임금이 시몬이라는 광대에게 세상에서 가장 좋은 것을 구해 오게 하고, 요한이라는 광대에게는 세상에서 가장 나쁜 것을 찾아오게 했습니다. 얼마 후 두 광대가 돌아와 상자를 임금님께 바쳤습니다. 먼저 시몬의 상자를 열자 사람의 혀가 나왔습니다. 놀랍게도 요한의 상자를 풀었을 때도 역시 사람의 혀가 나왔습니다.

이 탈무드의 교훈은 '혀, 곧 말이 가장 유익한 것이 될 수 있고, 가장 해를 끼치는 수단이 될 수도 있다'라는 뜻입니다. 함부로 내뱉은 말이 싸움의 불씨가 되기도 하고, 가시 돋친 한마디가 가슴에 돌이킬 수 없는 비수를 박을 수도 있습니다. 무책임한 구설수가 한 인간을 매장시키기도 합니다.

그러나 부드러운 말은 앞길을 환하게 합니다. 기쁨에 넘친 한마디가 즐거운 이웃을 만듭니다. 격려하는 짧은 말이 한 인생을 행복하게 할 수 있습니다. 사랑의 음성이 천국을 만듭니다. 좋은 말은 약보다 낫습니다.

'말 한마디'라는 짧은 시를 소개하고자 합니다.

> 부주의한 말 한마디가 싸움의 불씨가 되고
> 잔인한 말 한마디가 삶을 파괴한다.
> 쓰디쓴 말 한마디가 증오의 씨를 뿌리고
> 무례한 말 한마디가 사랑의 불을 끈다.
> 그러나 은혜로운 말 한마디가 하루를 빛나게 하고
> 부드러운 말은 앞길을 환하게 하며
> 기쁨에 넘친 한마디가 즐거운 이웃을 만든다.
> 격려하는 짧은 말이 한 인생을 행복하게 할 수 있고
> 사랑의 음성이 천국을 만들며
> 때에 맞는 말 한마디가 긴장을 풀어주고
> 사랑의 말 한마디가 축복을 준다.
> 이처럼 좋은 말은 약보다 낫다.

따라서 말하는 습관이 중요합니다. 어떤 말을 어떻게 하느냐에 따라 자신의 인품이 표출됩니다. 좋은 말은 약보다 더 나은 선물이 되며, 은혜를 끼칩니다. 성경은 영적 성숙을 이루어 가는 언어생활에 이런 지침을 줍니다.

"여러분의 말하는 습관을 살피십시오. 여러분의 입에서 불쾌하고 더

러운 말이 나오지 않게 하십시오. 도움이 되는 말만 하고, 여러분의

말 한 마디 한 마디가 선물은혜이 되게 하십시오."

_에베소서 4:29(메시지성경)

묘하게도 좋은 말은 문밖으로 잘 나가지 않지만, 나쁜 말은 천 리까지 퍼져 나갑니다. 유대인의 격언집인 탈무드는 말의 파괴력을 다음과 같이 가르쳐 줍니다. "말은 손이 없지만, 손이 하는 일을 한다. 사람을 죽인다. 그런데 손을 넘어선다. 왜냐하면 손은 가까이 있는 사람을 죽이지만, 말은 멀리 있는 사람도 죽인다."

무엇보다 우리는 뒤에서 험담하는 나쁜 습성을 버려야 합니다. 스툴락Stulac은 이에 관해 엄중하게 경고합니다. "뒷공론을 퍼뜨리라. 그러면 사람들이 당신을 신뢰하지 않을 것이다. 빈정거리고 모욕하는 말을 하라. 그러면 사람들이 당신을 따르지 않을 것이다. 당신의 말을 훈련하고 정결하게 하지 않으면 삶의 나머지 부분을 훈련하거나 정결하게 하지 못할 것이다." 그래서 오늘 본문에서는 혀의 힘에 관하여 세 가지 비유를 들어 설명합니다.

1. 힘센 말을 복종시키는 재갈

"우리가 말들의 입에 재갈 물리는 것은 우리에게 순종하게 하려고 그
온 몸을 제어하는 것이라"_야고보서 3:3(개역개정)

입에 조그만 쇠붙이 재갈을 물리면 사나운 말도 꼼짝 못 하고 순종합
니다. 혀도 작은 것이지만 엄청난 영향력을 가지고 있습니다.

2. 거대한 배를 움직이는 작은 키

"큰 배라도 능숙한 선장의 손에 작은 키가 잡혀 있으면, 그 배는 아무
리 거센 풍랑을 만나도 항로를 벗어나지 않습니다."
_야고보서 3:4(메시지성경)

큰 배도 저 뒤 끝에 달린 조그마한 키 하나에 의해 항로가 마음대로 결
정됩니다. 이처럼 우리 몸에 있는 3인치밖에 안 되는 혀가 우리 인생 항로
를 결정해 줍니다.

옛날 고려 초기의 명장 강감찬 장군은 1010년 거란족이 40만 대군을

거느리고 고려를 쳐들어왔을 때 모두가 항복하기를 주장했으나, 그만이 이를 반대하고 하공진을 보내어 감동적인 말로 적을 설득하여 물러나게 하였습니다. 에이브러햄 링컨Abraham Lincoln이 노예 전쟁을 승리로 이끈 것도 그가 북군의 모든 사람의 마음을 감동시켰기 때문입니다. 그의 힘찬 연설은 오늘날 우리에게까지도 큰 감동을 줍니다. 2차 대전 당시 거의 몰락 위기에 처했던 영국을 되살린 것 역시 윈스턴 처칠Winston Churchill의 연설 능력이었다고 합니다. 이처럼 말의 영향력은 참으로 큽니다.

3. 큰 숲을 태우는 작은 불씨

말이 나쁜 영향력을 미칠 수 있는 것은 꼭 불과 같습니다. 우리나라도 봄이 되면 산불이 많이 납니다. 등산객이 버린 담배꽁초 하나가 온 산을 태웁니다. 어떤 사람에게 무심코 던진 한마디가 그 사람이 평생 상처와 증오 속에 살아가게 합니다. 부모가 자녀에게 불쑥 던진 한마디 말, "너 같은 녀석은 쓸모가 없다"라는 한마디 때문에 그 아이는 정말 쓸모없는 인생으로 탈선하기도 합니다. 우리의 작은 혀가 한 번 재잘거린 것이 그 사람을 지옥 불에 떨어지게 만들기도 합니다.

또한 우리가 어떤 사람을 흠집 내거나 뒷공론하면, 생각보다 큰 부작용을 초래합니다. 아주 작은 불꽃이 큰 화재를 낼 수 있듯이 사소한 뒷공론이 공동체를 망가뜨립니다. 부정적인 선동이 공동체 전체를 병들게 합니다. 그만큼 뒷공론은 무서운 파괴력을 지닙니다.

무엇보다도 말에 일관성이 있어야 합니다. 야고보서 3장 9절에서 12절은 "차라리 샘은 한 구멍에서 단물을 내든지, 짠물을 내든지 일관성이 있다. 또 나무도 각기 종류마다 한 가지 열매만 맺는다. 사과나무에서는 사과가 열리고, 감람나무에서는 올리브기름이 나오고, 포도나무에서는 포도송이가 열리는 일관성이 있다. 그런데도 사람의 입에서는 선한 말과 악한 말, 좋은 말과 나쁜 말, 축복과 저주, 칭찬과 핀잔, 호평과 혹평, 격려와 경멸, 진실과 거짓말이 번갈아 나오는 것은 일관성이 없기 때문이다"라고 말씀합니다.

우리는 일구이언—口二言을 하지 말아야 합니다. 이중성이 아닌, 일관성으로 말해야 합니다. 한 샘에서 단물과 쓴물이 함께 나오지 않습니다. 설탕물과 소금물이 동시에 나올 수 없습니다. 생수와 독수가 함께 나오지 않습니다. 이처럼 한 입에서 축복과 저주가 나올 수 없습니다.

혀는 왜 자기 볼일만 보고 쏙 들어갈까요? 혀는 왜 이처럼 일관성이 없을까요? 왜 한 입으로 두말할까요? 왜 이 말 했다 저 말 했다 할까요? 왜 찬송도 하고 욕도 할까요? 혀에 문제가 있는 것이 아니라, 말의 근본인 마음이 악하기 때문입니다. 혀가 일관성 없는 것이 아니라, 마음이 이

중적이기 때문입니다.

예수님은 우리에게 말의 근본인 마음 바탕 가꾸기를 강조하십니다.

"선한 사람은 그 마음속에 선한 것을 쌓았다가 선한 것을 내고, 악한
사람은 그 마음속에 악한 것을 쌓았다가 악한 것을 낸다. 왜냐하면 사
람은 그의 마음속에 쌓여 있는 것을 말하기 때문이다."

_누가복음 6:45(쉬운성경)

예수님은 아주 명확하게 진단하십니다. 참된 말은 참된 존재에서 흘러
나오는 것입니다. 우리가 왜 거친 말을 한다고 생각하십니까? 처녀 시절
에는 말이 곱고 예뻤는데 결혼하여 아이들을 키우는 엄마가 되어서는 말
이 거칠어진 것 같지 않습니까? 애를 키우다 보니 악바리가 되어서인가
요? 우리가 소년 시절, 학생 시절에는 고운 말을 사용했는데 요즘은 입이
거칠어진 것 같지 않습니까? 혀가 거칠어진 것이 아니라, 마음이 악해졌
기 때문은 아닐까요?

우리는 어떻게 하면 좋은 말을 할 수 있을까를 고민하기 전에, 먼저 좋
은 마음부터 품어야 합니다. 좋은 열매를 맺는 좋은 나무가 되어야 합니
다. 오늘 나는 얼마나 좋은 나무이며, 좋은 마음을 품으며 살고 있나요?

말을
위한
기도

이해인

내가 이 세상에 태어나

수없이 뿌려 놓은 말의 씨들이

어디서 어떻게 열매를 맺었을까

조용히 헤아려 볼 때가 있습니다

무심코 뿌린 말의 씨라도

그 어디선가 뿌리를 내렸을지 모른다고 생각하면

왠지 두렵습니다

더러는 허공으로 사라지고

더러는 다른 이의 가슴 속에서

좋은 열매를 또는 언짢은 열매를 맺기도 했을

언어의 나무

주여

내가 지닌 언어의 나무에도

멀고 가까운 이웃들이 주고 간

크고 작은 말의 열매들이

주렁주렁 달려 있습니다

둥근 것 모난 것
밝은 것 어두운 것
향기로운 것 반짝이는 것

그 주인의 얼굴은 잊었어도
말은 죽지 않고 살아서
나와 함께 머뭅니다

살아 있는 동안 내가 할 말은
참 많은 것도 같고 적은 것도 같고
그러나 말이 없이는
단 하루도 살 수 없는 세상살이

매일매일 돌처럼 차고 단단한 결심을 해도
슬기로운 말의 주인 되기는
얼마나 어려운지
도를 닦는 마음으로 말을 하게 하소서
날마다 내가 말을 하고 살도록

허락하신 주여

하나의 말을 잘 탄생시키기 위하여

먼저 잘 침묵하는 지혜를 깨치게 하소서

헤프지 않으면서 풍부하고

경박하지 않으면서 품위 있는

한마디의 말을 위해

때로는 진통 겪는 어둠의 순간을

이겨 내게 하소서

참으로 아름다운 언어의 집을 짓기 위해

언제나 기도하는 마음으로

언제나 진실하고

언제나 때에 맞고

언제나 책임 있는 말을

갈고 닦게 하소서

내가 이웃에게 말을 할 때에는

하찮은 농담이라도

함부로 지껄이지 않게 도와주시어

좀 더 겸허하고

좀 더 인내롭고

좀 더 분별있는

사랑의 말을 하게 하소서

내가 어려서부터 말로 저지른 모든 잘못

특히 사랑을 거스른 비방과 오해의 말들을

경솔한 속단과 편견과

위선의 말들을 주여 용서하소서

나날이 새로운 마음, 깨어 있는 마음

그리고 감사한 마음으로

내 언어의 집을 짓게 하시어

해처럼 환히 빛나는 삶을

당신의 은총 속에 이어가게 하소서

1. 말을 많이 하는 것과 잘 말하는 것은 다릅니다. 우리는 말을 할 때 스스로를 잘 점검해야 하며 절제하면서 덕을 세우는 말만 해야 합니다.

2. 말에도 힘이 있음을 기억하며 살리는 말, 감동을 주는 말을 하도록 노력해야 합니다. 언어생활 또한 영적 성숙을 이루어 가는 길입니다.

3. 말에는 일관성이 있어야 합니다. 또한 참된 말은 참된 존재에서 흘러나오는 만큼, 말의 근본인 마음 바탕을 가꿀 수 있어야 합니다.

13 너희 중에 지혜와 총명이 있는 자가 누구냐 그는 선행으로 말미암아 지혜의 온유함으로 그 행함을 보일지니라 14 그러나 너희 마음속에 독한 시기와 다툼이 있으면 자랑하지 말라 진리를 거슬러 거짓말하지 말라 15 이러한 지혜는 위로부터 내려온 것이 아니요 땅 위의 것이요 정욕의 것이요 귀신의 것이니 16 시기와 다툼이 있는 곳에는 혼란과 모든 악한 일이 있음이라 17 오직 위로부터 난 지혜는 첫째 성결하고 다음에 화평하고 관용하고 양순하며 긍휼과 선한 열매가 가득하고 편견과 거짓이 없나니 18 화평하게 하는 자들은 화평으로 심어 의의 열매를 거두느니라

말은
은혜롭게,
삶은 지혜롭게

──────── 야고보서 3장은 크게 두 가지 구조를 이룹니다. 전반부1-12절는 말을 잘 다스리기이고, 후반부13-18절는 마음 다스리기입니다. 우리가 영적으로 성숙하려면 말 가꾸기와 마음 가꾸기를 함께 잘해야 합니다. 단순히 입술로 사는 자가 아니라, 삶으로 보여 주는 자가 되어야 합니다live vs lips. 말로 한몫 보는 자가 되지 말고, 행함을 보여 주어야 합니다works vs words. 우리는 상장을 자랑하는 대신, 성품을 잘 다듬어야 합니다disposition vs diploma. 성경이 말하는 지혜는 지식과 경험을 갖춘 삶의 기술입니다. 영어로 라이프스타일lifestyle입니다. 그러므로 우리는 말은 은혜롭게 하고, 삶은 지혜롭게 살아야 합니다.

야고보서 3장에서는 두 가지 지혜론을 대비시켜서 가르쳐 줍니다. 아주 래디컬하게 대칭을 이룹니다. 사람의 지혜가 위에서 내려온 것이냐, 아래로부터 난 것이냐로 구분합니다. 참된 지혜와 거짓된 지혜, 땅의 지혜와 하늘의 지혜, 즉 사탄의 지혜와 하나님의 지혜로 명확하게 구분합니다. 곧 거듭나지 못한 지혜와 성령으로 거듭난 지혜입니다. 성령으로 거듭난 지혜의 본질은 하나님을 경외하며 살아가는 방식이지만 변화 받지 못한 지혜는 세속적입니다. 세상 성공, 세상 번영, 세상 부귀영화, 세상 명예만 추구하며 살아갑니다. 이는 현대인들의 진면목을 그대로 투영해 줍니다.

우리는 과연 얼마나 성령으로 거듭난 하늘의 지혜로 살아가고 있습니까? 나의 라이프스타일은 마귀적인가요, 거룩한가요devil or divine?

"여러분은 땅에 있는 것들을 생각하지 말고, 위에 있는 것들을 생각하십시오." _골로새서 3:2(새번역성경)

성경은 우리의 마음, 우리의 관심사를 어디에 두고 살아야 하는지 본질적으로 처방합니다. 우리가 세상 중심이 아닌, 천상 중심으로 살아야 할 것을 간곡히 부탁합니다.

우리의 삶의 지향점은 천상입니까, 지상입니까? 하나님의 나라입니까,

세상 나라입니까? 하늘의 영광입니까, 세상 영광입니까? 우리가 성령으로 거듭난 지혜로 살지 않을수록 여전히 세속적 가치관을 벗어나지 못합니다. 마음속의 야심과 지독한 시기심, 그런 것은 하나님께로부터 온 것이 아닙니다. 세상적이고, 육신적이며, 마귀적입니다.

> "마음 속에 지독한 시기심과 이기적인 욕망이 있다면 여러분은 자랑하지 마십시오. 그리고 진리를 거슬러 거짓말하지 마십시오. 이런 지혜는 하늘에서 온 것이 아니라 세상적이요 정욕적이며 마귀의 것입니다." _야고보서 3:14-15(현대인의성경)

세상 사람들이나 갖는 마음이요, 특히 정욕적이라는 말은 즉 성령으로 거듭나지 못한unspiritual 육신에 속한 성품이라는 뜻입니다. 이것은 원래 마귀가 주는 마음이라는 뜻입니다Such wisdom is earthly, unspiritual, of the devil. 따라서 시기와 다툼이기적 야심이 있는 곳에는 혼란과 나쁜 일만 생깁니다약 3:16. 사탄은 우리 마음속에 시기와 질투, 경쟁적 분개심으로 내면 세계를 피폐하게 만듭니다.

만약 우리 마음속에 시기와 질투가 생긴다면 '내가 마귀에게 덮어씌었구나'라고 생각해야 합니다. 시기와 질투가 생기면 그 사람을 위하여 축복해 주어야 합니다. 그것이 이 상황을 극복하는 유일한 방법입니다.

반면에 하늘로부터 오는 지혜, 곧 거듭난 지혜는 우리의 삶을 윤택하고 풍요롭게 만들어 줍니다. 따라서 성경은 우리에게 말은 은혜롭게 하고, 삶은 지혜롭게 살라고 당부합니다. 지혜로운 삶에 대하여 매우 구체적이고 실제적으로 정리해 줍니다.

> "위에서 오는 지혜는 우선 순결하고, 다음으로 평화스럽고, 친절하고, 온순하고, 자비와 선한 열매가 풍성하고, 편견과 위선이 없습니다." _야고보서 3:17(새번역성경)

> "평화를 만드는 사람들은 평화의 씨앗을 심어서 선행의 열매를 거두는 것입니다." _야고보서 3:18(현대어성경)

그렇다면 지혜로운 사람은 어떻게 살아갈까요?

1. 자신의 순수함에 때 묻히지 않는 지혜

하늘에서 오는 지혜는 성결합니다약 3:17. 여기서 '성결헬라어로 하그노스, ἁγνός'은 때 묻지 않은 마음입니다. 순진하고 순수한 심성입니다. 요한일서 3장 3절에서는 예수님처럼 '깨끗한 마음'이라고 정의합니다. 그러므로 성령으로 거듭난 지혜자는 잔꾀로 살지 않습니다. 자기 영혼을 때 묻히지 않습니다. 우리 하나님은 꾀 많은 사람보다 깨끗한 사람을 원하십니다. 그러므로 최선의 노력을 다하여 자신의 순수함이 때 묻히지 않게 해야 합니다. 그만큼 지혜로운 사람은 때때로 고독한 성자solitary saint로 살아갑니다.

2. 상대방의 반감을 사지 않는 지혜

지혜는 평화를 사랑합니다. 논쟁이나 싸우기를 좋아하지 않습니다. 반감을 사지 않습니다. 어떤 분은 다툼을 일으키는 세 가지 요인을 영어 3C로 정리해 줍니다. 첫째, 비교comparing. 둘째, 정죄condemning, 셋째, 반박contradicting입니다. 세속적인 사람일수록 비교를 잘합니다. 그리고 쉽게 정죄하고 판단합니다. 말참견도 잘합니다. 상대방이 말하는 중에 끼어들기를 잘하고, 이상한 궤변으로 반론하고, 평화를 깹니다.

그러나 윌리엄 제임스William James가 말하듯이, "지혜의 비결은 무엇을 넘겨야 할지를 아는 것입니다." 마귀는 시기와 질투심을 조장하여 다투게 하고 갈라서게 합니다. 그러나 성령님은 우리의 마음에 화평을 심어 주십니다. 이것이 성령의 인격적 열매입니다. 마귀는 사람과 하나님, 사람과 사람을 갈라놓지만, 성령님은 예수 안에서 하나 되게 하십니다.

따라서 우리는 어느 누구와도 불화하거나 적이 되지 않아야 합니다.

> "할 수 있거든 너희로서는 모든 사람으로 더불어 평화하라"
>
> _로마서 12:18(개역한글)

참된 지혜자는 웬만하면 누구하고도 불화하거나 다투지 않습니다. 잠언 20장 3절은 "지혜로운 사람은 다툼을 멀리합니다"라고 가르칩니다. 우리는 다른 사람과 되도록 원만하게 지내야 합니다.

3. 상대방의 기분을 잘 배려하는 지혜

> "오직 위로부터 난 지혜는 첫째 성결하고 다음에 화평하고 관용하고
>
> 양순하며 긍휼과 선한 열매가 가득하고 편견과 거짓이 없나니"
>
> _야고보서 3:17(개역개정)

17절에서 '관용'이라는 말은 '상대방의 기분을 깊이 배려한다considerate' 라는 뜻입니다. 우리는 이웃의 기분을 얼마나 잘 알아차리며 배려하고 있습니까? 미성숙한 사람일수록 상대방의 기분이나 감정을 경시합니다.

상대방의 기분을 세심하게 배려하기보다, 기분을 언짢게 합니다. 기분 상하는 말을 쉽게 내뱉습니다. 그래서 어떤 사람은 말을 하더라도 기분 나쁘게 합니다. 이상하게 감정을 건드립니다. 가시 돋친 말을 하여 화를 돋웁니다. 그러나 지혜로운 사람은 기분을 좋게 하는 말을 잘합니다.

"따뜻한 말은 생명나무와 같지만, 가시 돋친 말은 마음을 상하게 한
다." _잠언 15:4(새번역성경)

우리는 서로의 기분을 깊이 배려하며 살아가야 합니다. 누구든지 다 용납하고 받아줄 수 있는 마음이 넓은 그리스도인이 되어야 합니다.

4. 상대방의 의견을 잘 수용하는 지혜

지혜로운 사람은 어느 누구로부터도 배웁니다. 그는 자기방어적이지 않고, 오히려 수용적입니다. 어떤 말이든지 잘 받아들입니다. 여기 '양순 하다'라는 단어를 영어 번역에서는 'submissive'라는 단어를 사용합니 다. 이 말은 신약성경에서 단 한번 사용되는데 상대방의 의견이나 제안 을 달게 듣는다는 의미를 담고 있습니다. 곧 공감과 동의를 잘합니다.

지혜로운 사람일수록 마음이 항상 열려 있습니다. 그야말로 양순합니다. 고분고분합니다. 태도 자체가 공손합니다. 일반적으로 우매자일수록 잘 듣지 않고 거부적입니다. 그러나 지혜자일수록 잘 듣고, 수용합니다.

우리는 얼마나 고분고분한 사람인가요? 배우자나 자녀들의 의견을 얼마나 잘 듣는 편인가요? 잠언 12장 15절은 "어리석은 사람은 충고를 잘 듣지 않고, 지혜로운 사람은 남의 조언을 귀담아듣는다"라고 가르칩니다. 이 말씀처럼 우리는 성품이 유연하고 공손하여 잘 받아들이는 사람이 되어야 합니다.

5. 상대방의 실수를 과장하지 않는 지혜

성경이 강조하는 지혜 있는 사람의 특성은 '자비심이 많고 선한 일을 즐겨한다'라는 것입니다. 메시지성경에서는 '지혜자는 자비와 축복이 넘칩니다'라고 표현합니다. 지혜로운 사람일수록 긍휼의 눈으로 봅니다. 온정적입니다. 그래서 참된 지혜자일수록 다른 사람의 실수를 까발리지 않습니다. 침소봉대하지 않습니다.

"허물을 덮어 주는 자는 사랑을 구하는 자요 그것을 거듭 말하는 자

는 친한 벗을 이간하는 자니라"_잠언 17:9(개역개정)

어떤 사람은 작은 실수라도 긁어서 들추어내는가 하면, 어떤 사람은 큰 실수라도 문질러서 없애 줍니다. 성숙한 지혜자일수록 어떤 허물도 잘 덮어 줍니다. 그러나 미숙한 사람일수록 작은 약점도 자꾸 끄집어내어 친구도 갈라놓고 맙니다.

인류 역사상 세상을 바꾼 발명품들이 많습니다. '둥근 바퀴', '나침반', '인쇄기술', '페니실린, 마취제', '전기', '자동차', '컴퓨터'에 이르기까지 무수합니다. 그런데 더글러스 러시코프Douglas Rushkoff 교수는 의외의 발명품을 최고의 발명품으로 꼽고 있습니다. 그것은 바로 '지우개'입니다. 지우개는 쉽게 구할 수 있는 학용품입니다. 대단하지 않습니다. 그러나 지우개가 없다고 상상해 보십시오. 종이를 수없이 버릴 것입니다. 컴퓨터에서도 삭제delete 버튼이 있다는 사실이 얼마나 감사한지 모릅니다. 그것을 누르기만 하면, 뭐든지 깨끗이 지워집니다.

'디지털 장의사'라고 들어보셨습니까? 인터넷에서 저장되고 유통되는 개인정보들을 수집하여 영구적으로 파기해 주는 신종 직업입니다. 요즘 이 직업이 상당히 각광을 받고 있다고 합니다. 과거 인터넷에 올린 사진이나 인스타그램, 혹은 자신에게 해가 되는 내용들 때문에 고충을 겪고 있는 사람들이 많은데 그들에겐 이것이 너무나도 절실하기 때문입니다.

이처럼 우리 인생에는 지워야 할 것들이 참 많습니다. 우리에게도 덮어 주는 사랑이 필요합니다. 가려 주는 사랑이 필요합니다. 예수님께서 십 자가의 보혈로 나의 죄를 다 지워 주셨듯이, 우리도 서로의 실수와 상처 를 덮어주는 사랑으로 살아가길 소망합니다.

6. 자신의 약점을 숨기지 않는 지혜

지혜로운 사람일수록 자신의 약점이나 결점을 은폐하거나 위장하지 않습니다. 가식이 없습니다. 야고보서 3장에서 '편벽과 거짓이 없다'라는 말은 헬라어로 '위선이 없다'라는 뜻인데, 문자적으로는 '마스크, 가면을 쓰지 않는다'라는 말입니다. 지혜로운 사람은 위장하거나 가식하지 않 고 살아갑니다.

우리는 모두 약점투성입니다. 당신이 아무리 숨기려고 해도, 사람들은 당신의 약점을 다 압니다. 문제는 약점을 '인정하느냐, 은폐하느냐'입니 다. 약점은 감추라고 주어진 것이 아니라, 고백하라고 주어진 것입니다. 그러므로 성령으로 거듭난 사람은 자기를 숨기지 않습니다. 가장하거 나 은폐하지 않습니다. 우리가 성령충만할수록 자기 고백을 잘합니다.

자기를 감추지 않고 살아갑니다. 우리 모두 위선의 마스크를 벗고, 있는 모습 그대로 자연스럽게 살아갈 수 있기를 바랍니다.

7. 좋은 관계를 맺고 살아가는 지혜

본문은 깔끔하게 결론을 정리해 줍니다.

> "평화를 만드는 사람들은 평화의 씨앗을 심어서 선행의 열매를 거두
> 는 것입니다."_야고보서 3:18(현대어성경)

'평화'라는 말이 헬라어로는 '에이레네εἰρήνη'인데, '하나 됨'을 뜻합니다. 지혜로운 사람은 불화를 일으키지 않습니다. 여러 사람들과 하나가 되어 화목을 이루어 갑니다.

야고보서의 메시지는 영적 성숙의 진면목을 확립해 주고 있습니다. 지혜로운 사람은 관계중심으로 살아갑니다. 우리는 어떤 그룹에 들어 갔을 때, 어떻습니까? 그 모임이 깨지는 편입니까? 서로 잘 융화하며 하나 됨을 이루어 가는 편입니까? 어리석은 자는 관계를 깨며 살아가고, 지혜로운 사람은 좋은 관계를 넓히며 살아갑니다.

예수님은 신실한 유대인 율법학자의 신앙고백을 실제적으로 소개하십니다.

> "저는 마음을 다하고 지혜를 다하고 힘을 다하여 하나님을 사랑하는
> 것과 이웃을 자기 몸과 같이 사랑하는 것이 모든 번제물과 희생제물
> 을 성전 제단에 바치는 것보다 훨씬 더 낫다고 생각합니다."
> _마가복음 12:33(현대어성경)

자신의 지혜를 다하여 하나님을 사랑하고 이웃을 사랑하는 것이 지고선이라는 뜻입니다. 예수님 말씀 그대로 당신도 반석 위에 집을 짓는 지혜로운 자로 살아갈 수 있습니다. 그런 차원에서 야고보서 3장이 전하는 고결한 생활지침 '말은 은혜롭게, 삶은 지혜롭게'를 늘 기억했으면 좋겠습니다.

1. 우리는 세상적인 지혜가 아닌 하늘로부터 오는 지혜를 의지해야 합니다. 그것이 하나님의 나라를 소망하며 살아가야 할 그리스도인의 모습입니다.

2. 하늘에서 오는 지혜는 성결하며 평화를 사랑합니다. 또한 상대방을 관용으로 대하며 의견을 잘 수용합니다.

3. 하늘에서 오는 지혜는 상대방의 실수를 과장하지 않고 자신의 약점을 숨기지 않으며 사람들과 좋은 관계를 맺으며 살아가게 합니다.

1 여러분 가운데 싸움과 다툼이 일어나는 원인이 무엇인지 아십니까? 그것은 바로 여러분 속에 분쟁을 일으키는 이기적인 욕망에서 비롯된 것입니다. 2 원하는 마음은 있는데 갖지 못하다 보니, 다른 사람을 죽이기도 하고 시기하기도 합니다. 하지만 여전히 원하는 바를 얻지 못하니 다투고 있습니다. 여러분이 원하는 바를 얻지 못하는 까닭은 하나님께 구하지 않기 때문입니다. 3 그리고 구해도 받지 못하는 것은 구하는 동기가 잘못되었기 때문입니다. 여러분은 오직 자신의 유익만을 위하여 쓰려고 구하고 있습니다. 4 하나님께 충성되지 못한 여러분이여! 여러분은 세상을 사랑하는 것이 하나님을 미워하는 것이라는 사실을 모르십니까? 만일 세상과 벗하고 싶은 사람이 있다면, 그는 스스로 하나님과 원수가 될 것입니다. 5 "하나님께서 우리 안에 거하게 하신 성령이, 우리를 시기하기까지 사랑하신다"라는 성경 말씀이 아무것도 아닌 말처럼 생각됩니까? 6 하나님께서는 우리에게 성경이 말한 대로 더 큰 은혜를 주셨습니다. 그래서 성경에 이렇게 기록되어 있습니다. "하나님께서는 교만한 자를 물리치시고, 겸손한 자에게 은혜를 주신다." 7 그러므로 여러분 자신을 하나님께 드리십시오. 마귀를 대적하십시오. 그러면 마귀는 도망칠 것입니다. 8 하나님께 가까이 나아오십시오. 그러면 하나님께서도 여러분을 가까이하실 것입니다. 여러분은 죄인입니다. 그러므로 여러분의 삶 가운데 죄를 깨끗이 씻으십시오. 여러분은 하나님과 세상을 동시에 좇으려고 하고 있습니다. 정결한 마음을 품기 바랍니다. 9 슬퍼하며 울부짖으십시오. 웃음을 울음으로, 기쁨을 슬픔으로 바꾸십시오. 10 주님 앞에서 스스로를 낮추면, 주님께서 여러분을 높이실 것입니다.

SUMMIT OF MATURITY

겸손해지는 은혜에 대한 갈망

──────── 우리는 하루에도 여러 번씩 거울을 보며 자기 모습을 가다듬습니다. 그렇다면 마음은 얼마나 자주 들여다보며 관리합니까? 얼굴과 외모관리 못지않게 중요한 것이 내면관리입니다. 그중에서도 우리가 중요하게 체크해야 하는 것은 겸손함입니다. 요즘 자기 자신이 얼마나 겸손해지고 있다고 생각합니까? 겸손이라는 단어를 얼마나 가슴에 새기며 살고 있습니까? 성경이 전하는 한 가지 분명한 사실이 있습니다. 날마다 하나님의 은혜 속에 사는 만큼 겸허해집니다. 반대로 내 심령에 은혜가 메마를수록 겸손해지는 대신 교만해집니다. 자만에 빠집니다. 성경은 그 원인을 명확하게 규명해 줍니다.

야고보서 4장 1절은 사람들이 서로 시기하고 경쟁하며 다투는 이유가 교만 때문이라고 래디컬하게 진단을 내려 줍니다. 교만한 자일수록 시비 걸기를 즐깁니다. 우리말성경에서는 교만의 요인을 '정욕과 욕심'이라는 단어로 표현하는데, 원래 의미는 '자기 마음대로your own way' 하려는 교만입니다. 자만입니다. 야고보서 4장에서만 다섯 번이나 강조합니다.

1. 우리가 가장 두려워해야 할 '교만'

우리가 사는 21세기 문화적 트렌드 중 하나가 '나 중심세대me-generation'입니다. 요즘은 이런 현상을 '미이즘me-ism'이라고 합니다. 우주의 주인공이 '나'라는 것입니다. 로날드 고엑스Ronald Goex는 세계적인 기독교 잡지 「Christian Century」에서 "이 세대는 반 겸손의 시대다"라는 명확한 이야기를 전하기도 했습니다.

우리는 교만을 두려워해야 합니다. 교만은 겸손의 반대말, 그 이상입니다. 교만은 멸망의 선봉입니다. 교만하면 재난이 따릅니다. 사람의 마음이 오만할수록 멸망이 뒤따릅니다.

"사람의 마음의 교만은 멸망의 선봉이요 겸손은 존귀의 길잡이니라"

_잠언 18:12(개역개정)

옥스퍼드의 석학 C. S. 루이스Clive Staples Lewis는 교만은 가장 본질적인 악이고, 최상의 악이고, 최대의 악이라고 경고합니다. 그리고 이렇게 부연하여 경각시켜줍니다. "'제가 겸손한가요?'라고 묻는 것조차 겸손하지 않은 것이다. 그리스도인의 겸손은 스스로를 덜 중요하게 생각하는 것이 아니라, 스스로에 대해 덜 생각하는 것이다." 한마디로 겸손이란 자기를 드러내지 않는 것, 자기가 없어지는 것selflessness입니다.

중국 선교에 신기원을 이루었던 제임스 허드슨 테일러James Hudson Taylor 박사에게 한 기자가 물었습니다. "당신은 당신의 한 일에 대하여 교만해 본 적이 있습니까?" 그의 대답이 우리 마음을 겸허하게 합니다. "나는 내가 무엇을 했다고 생각한 적이 없습니다. 내가 아니고, 오직 예수 그리스도 그분이 하신 것입니다Not I, but Christ."

우리가 어떤 분야에서든지 더 이상 성장하거나, 성숙하지 못하는 이유 중 하나는 자기 방식을 고집하기 때문입니다. 실제로 여러 가지 장점을 많이 갖고 있는데, 건방진 태도로 인해 더 이상 크지 못하는 사람들이 있습니다. 운동, 골프, 예술, 사업에서도 그렇습니다. 기본기나 원리를 무시하고, 자기 방식대로 고집할수록 더 이상의 발전이나 성장을 이루지 못합니다. 실력이 늘지 않습니다. 그 근본 요인이 무엇일까요? 자기 마음대로 하려는 교만 때문입니다.

"하나님께서는 교만한 자를 물리치시고"_야고보서 4:6(쉬운성경)

여기서 교만은 헬라어로 휘페레파노스ὑπερήφανος라는 말입니다. '다른 사람들 위에 자신을 올려놓는다'라는 뜻입니다. 또한 '물리치신다'는 단어는 매우 강한 표현입니다. 하나님께서는 교만한 자에게 찬성표가 아닌, 반대표를 던지십니다. 밀어내십니다. 그래서 교만한 사람들은 모두가 추락하고 쫓겨났습니다.

바빌로니아 제국 느부갓네살 왕은 들판으로 쫓겨났고, 사울 왕은 처참하게 패가망신했습니다. 하늘의 천사 루시퍼도 교만하여 천상에서 쫓겨났습니다. 인류의 첫 조상 아담도 선악과를 따먹고 교만해지려고 했을 때, 에덴동산에서 추방당했습니다.

이보다 더 무서운 현상이 있습니다. 교만한 자일수록 성령님이 떠나신다는 사실입니다. 구약시대 사울 왕이 그 표본입니다. 교만하여 자기 마음대로 하는 자는 성령님이 더 이상 은혜를 주지 않으십니다. 그래서 비참해집니다. 교만한 사람일수록 초라하게 추락하고 맙니다.

지구상에서 가장 추운 곳이 어디일까요? 북극입니다. 북극에 가까운 지역일수록 춥습니다. 땅이 얼어붙어 있습니다. 이유는 단순합니다. 태양에서 멀리 떨어져 있기 때문입니다. 우리가 하나님의 은혜에서 멀어질

수록 냉혈 신자가 됩니다. 심령이 차가워집니다. 가슴에 온기가 없어집니다. 마음이 차가워집니다. 이는 은혜라는 태양으로부터 멀어졌기 때문입니다.

> "하나님은 자기 마음대로 하려는 교만한 자들을 대적하시고, 기꺼이
> 자기를 낮추는 사람들에게는 은혜를 베푸신다 … 그러니, 하나님이
> 여러분 안에서 그분 뜻대로 일하시게 해드리십시오."
>
> _야고보서 4:6-7(메시지성경)

성경에서 경고하는 교만의 본질은 자기 마음대로 살아가는 방자함입니다. 자기 마음대로, 자기 주관대로, 자기 고집대로, 자기 생각대로 고집하는 것이 교만입니다. 현대인들은 하나님의 뜻을 따르는 로드십Lordship보다는 인간적 리더십leadership을 우선하는데, 사람이 자기 마음대로 하려는 리더십이야말로 하나님이 가장 싫어하시는 태도입니다.

2. 우리가 가장 간절히 구해야 할 '겸손'

성경이 말하는 성숙의 본질은 내 마음대로 살지 않고, 하나님 중심으로 사는 것입니다. 성경이 요구하는 성숙의 본질은 리더십을 뛰어넘는 로

드십에 있습니다. 이것이 겸손의 본질입니다. 야고보서 4장의 핵심 주제 역시 겸손해지는 은혜입니다. 하나님은 '겸손한 자에게 더 큰 은혜'를 주십니다약 4:6.

금세기 훌륭한 신약신학자 거스리Guthrie 박사는 원문의 뜻을 아주 실감나게 해석합니다. "하나님께서는 겸손한 자에게 엄청나게 큰 은혜를 주신다He gives us even more grace."

성령님은 우리가 자기 마음대로 살지 말고, 하나님의 뜻대로 살아서 큰 은혜가 따라붙는 인생이 되기를 열망하고 계십니다. 성령님은 우리가 은혜 받지 못하고 살까 봐 안절부절못해 하시면서 우리 마음을 채근하십니다약 4:5. 겸손해지는 은혜를 받으라고 독촉하십니다. 그러므로 우리가 겸손해지는 것 자체가 성령님의 은혜입니다.

윌리엄 젠킨William Jenkyn은 은혜를 이렇게 해석합니다. "은혜는 타고나는 것이 아니라, 기부되는 것이다Grace is not native, but donative." 은혜는 하나님이 주시는 선물입니다. 그래서 우리가 겸손해지는 것은 오직 은혜입니다.

야고보서 4장 10절은 이런 깔끔한 결론을 내립니다.

"주님 앞에서 자신을 낮추십시오. 그리하면 주님께서 여러분을 높여 주실 것입니다." _야고보서 4:10(새번역성경)

여기 '높여 준다'라는 것은 본인 자신보다 더 큰 존재가 되도록 격상시켜준다는 뜻입니다눅 14:11. 우리가 자아를 비우고 겸비해질수록 초라한 자가 되는 것이 아니라, 품격 있는 사람으로 하나님께서 높여 주시고 세워주십니다. 겸허할수록 더욱 품위 있게 해 주십니다.

스탠포드 대학원의 경영학 교수 짐 콜린스Jim Collins 박사가 연구한 자료에 의하면 금세기 세계적인 비전 기업의 CEO들의 공통점은 '겸손한 대인'이라는 점입니다. 대기업의 CEO일수록 의외로 단순하고 소박합니다. 매너가 정중하고, 말수가 적습니다. 앞에 나서거나 설치기를 자중하는 겸손한 대인들이라는 점입니다.

추수하는 가을의 들판에 나가면 교만과 겸손의 앙상블을 볼 수 있습니다. 쭉정이일수록 뻣뻣하게 자신을 곤두세웁니다. 알곡일수록 최대한 아래로 숙여 있습니다. 그리스도인들도 은혜 없이 살수록 교만하여 뻣뻣합니다. 목회자 자신부터 은혜 없이 살면 교만해지고, 거드름을 피웁니다. 자만에 빠져 허세를 부리며 활보합니다. 오직 은혜가 충만해야 겸손하게 낮은 자리 마음으로 살아갑니다. '벼는 익을수록 고개를 숙입니다.

물이 깊을수록 소리가 없습니다.'

　인간이란 원래부터 겸손해야 할 존재에 불과합니다. 영어로 겸손을 'humility'라고 하는데, 그 어원은 '흙humus'이라는 단어에서 유래하였습니다. 그리고 여기에서 인간human이라는 단어가 나온 것입니다. 이처럼 인간은 흙에서 나온 존재에 불과합니다. 그만큼 겸손해야 합니다. 부식토 출신으로서 겸손해야 합니다. 특히 좋은 흙일수록 무엇이든지 잘 받아들이고 좋은 열매를 풍성하게 맺습니다. 19세기 훌륭한 크리스천 문학가 펄 벅Pearl Sydenstricker Buck 여사는 겸손한 마음을 '대지의 마음'으로 표현합니다. "대지는 모든 것을 다 수용하고 받아들입니다."

　겸손과 교만을 대칭적으로 정의해 보면 다음과 같습니다. "겸손할수록 수용injection을 잘하고, 교만할수록 거부rejection를 잘한다." 교만한 자일수록 일단 거부부터 합니다. 그만큼 마음이 폐쇄적입니다. 교만이라는 단어의 뜻 자체가 자기중심적입니다. 즉, '다른 사람 위에 자기를 올려놓는다'입니다. 그래서 하나님은 교만한 자를 물리치시고, 겸손한 자를 더 큰 사람이 되도록 은혜를 주십니다.

　미국의 부흥전도자 드와이트 무디Dwight L. Moody는 이렇게 말합니다. "짐을 가볍게 실은 배는 물에서 높이 뜨고, 짐을 무겁게 실은 배는 물에서 높이 뜨지 않는다. 은혜가 많을수록 사람들은 겸손해진다." 이처럼 사람

은 은혜를 못 받을수록 경박해지고, 은혜가 충만할수록 품위 있는 자가
됩니다.

우리가 하나님의 은혜로 겸손해지는 원리는 생각보다 간단합니다. 성
경은 이 사실을 매우 간결하고도 명료하게 정리합니다.

"하나님께 가까이 나아오십시오. 그러면 하나님께서도 여러분을 가
까이하실 것입니다."_야고보서 4:8(쉬운성경)

여기 '하나님께 가까이 한다'라는 의미의 헬라어가 참 재미있습니다.
엥기조ἐγγίζω입니다. 우리로 하여금 하나님께 엉겨 붙으라는 당부입
니다.

우리가 교만한 죄성을 고백하며 하나님께 엉겨 붙어 기도할수록 하나
님은 큰 은혜를 주십니다. 6절 말씀 그대로, 자기 자신보다 더 큰 존재가
되게 하시고, 10절 결론 말씀처럼 품격 있는 사람으로 높여 주십니다.

성경은 겸손한 자에게 주시는 은혜를 총체적으로 정리해 줍니다.
첫째, 여호와께서 겸손한 자의 소원을 들어주십니다시 10:17.
둘째, 하나님은 겸손한 자를 먹고 배부르게 하십니다시 22:26.

셋째, 여호와께서 겸손한 자를 붙들어 주십니다시 147:6.

넷째, 하나님은 겸손한 자에게 한없는 은총을 베푸십니다잠 3:34.

다섯째, 하나님은 마음이 겸손한 자에게 영예를 주십니다잠 29:23.

여섯째, 하나님은 마음이 겸손한 자와 함께하십니다사 57:15.

일곱째, 하나님은 겸손한 자를 자신보다 더 큰 존재가 되게 하십니다.
그리고 품격 있는 자로 높여 주십니다.

야고보서 4장의 핵심 메시지는 우리가 조금만 겸손해져도 자신보다 더 큰 존재가 되는 복을 받는다는 것입니다. 또한 품격도 높아집니다. 이것이 십자가와 부활의 은총입니다. 예수님은 낮아진 만큼 높아지셨습니다. 무덤 아래로 내려간 만큼 하늘 보좌로 높이 올라가셨습니다. 그러므로 우리 모두 겸손해지는 은혜를 갈망하며 살아가야 합니다.

KEY POINT

1, 하나님의 뜻에서 벗어나 자기 마음대로 하려는 것이 교만입니다. 교만은 하나님의 울타리에서 벗어나는, 가장 무서운 일이자 우리가 경계해야 할 모습입니다.

2. 하나님 중심으로 살아가는 것이 겸손이며 가장 성숙한 삶의 모습입니다. 인간은 본래 겸손하게 살아야 할 존재입니다.

3. 하나님 앞에서 온전히 자신을 낮추고 겸손해질수록 하나님은 그의 삶을 높여주십니다. 하나님의 은혜를 의지하는 자와 함께하십니다.

📖 야고보서 4:11-12 | 개역개정 |

11 형제들아 서로 비방하지 말라 형제를 비방하는 자나 형제를 판단하는 자는 곧 율법을 비방하고 율법을 판단하는 것이라 네가 만일 율법을 판단하면 율법의 준행자가 아니요 재판관이로다 12 입법자와 재판관은 오직 한 분이시니 능히 구원하기도 하시며 멸하기도 하시느니라 너는 누구이기에 이웃을 판단하느냐

깎아내리지
말고
세워주자

Chapter 10

─────── 훌륭한 목회자이자 영성 저술가인
강준민 목사의 『지혜와 영적 성숙』에서 이런 깊은 공감을 주는 내용을
읽었습니다. 의학의 시조 히포크라테스Hippokratēs는 의사에게 세 가지 보
물이 있다고 합니다. "첫째는 말이고, 둘째는 약이며, 셋째는 수술 칼이
다." 세 가지 보물 가운데 첫 번째가 '말'이라는 것은 매우 의미심장합니
다. 말이 사람을 치유한다는 차원에서, 환자는 의사의 말 한마디에 따라
절망을 품게 되기도 하고, 희망을 갖게 되기도 합니다. 말 한마디로 죽
기도 하고, 살기도 합니다. 의사 중에서도 깎아내리는 말을 즐기는 자가
있고, 위로하며 희망을 품게 하고 세워주는 분이 있습니다. 목회자도 마
찬가지입니다. 기를 꺾는 설교자가 있고, 기운을 불어넣어 주는 자가 있

습니다.

이런 재미있는 우화가 있습니다. 동물계의 왕인 사자가 병환으로 앓아 눕게 되었는데 소식을 들은 모든 짐승이 문병을 왔습니다. 그런데 여우가 빠지자, 그 기회를 타서 호랑이가 여우를 헐뜯고 비방했습니다. 동물 세계의 왕인 사자를 존경하지 않아서 오지 않는 것이라고 헐뜯었습니다. 마침 그때 늦게 도착한 여우가 밖에서 그 얘기를 엿들었습니다. 방안으로 들어온 여우는 숨을 헐떡이며 사자 왕에게 자기가 늦을 수밖에 없는 이유를 변명했습니다. 자기가 늦은 것은 왕을 존중하지 않아서가 아니라, 사자 왕이 회생할 수 있는 약을 구하려고 동서양 명의들을 두루 찾아다니다가 늦었는데, 천신만고 끝에 기가 막힌 처방을 받아왔다는 것입니다. 얼굴에 희색이 만면한 사자는 그 처방이 무엇이냐고 묻자 여우는 간단하게 대답했습니다. "호랑이를 잡아서 간을 꺼내 먹으면 낫는다고 합니다." 그래서 그날 호랑이를 잡아 장례를 치렀습니다.

깎아내리는 비방의 부작용을 다음과 같이 명료하게 정리한 자료를 본 적이 있습니다. '첫째, 그것은 결코 문제를 해결하지 못한다. 문제를 더욱 복잡하게 할 뿐이다', '둘째, 그것은 결코 치료하지 않는다. 오히려 상처를 줄 뿐이다', '셋째, 그것은 결코 서로를 결속시키지 않는다. 오직 관계를 파괴시킬 뿐이다', '넷째, 그것은 결코 세우지 않는다. 깎아내릴 뿐

이다.'

우리가 일상생활에서 제일 많이 짓는 죄 중의 하나가 다른 사람을 비방하는 죄입니다. 야고보서 4장 11절에서도 "서로 비방하지 말라"는 사실을 거듭 강조합니다. '비방'이라는 단어는 '상대방을 깎아내리려는 의도에서 말하는 부정적 비판'을 뜻합니다. 그래서 예수님은 비판과 관련하여 이렇게 말씀하셨습니다.

"비판을 받지 아니하려거든 비판하지 말라 너희가 비판하는 그 비판으로 너희가 비판을 받을 것이요 너희가 헤아리는저울질하는 그 헤아림으로 너희가 헤아림저울질을 받을 것이니라"_마태복음 7:1-2(개역개정)

비방의 핵심은 안 좋게 말하는 것입니다. 정당하지 않게 말하는 것입니다. 그러므로 성경은 상대방을 깎아내리는 말을 하지 말고, 세워주는 말을 하라고 당부합니다.

최근 번역에서는 '서로 헐뜯지 말라'고 표현합니다. 영어로는 'backbite'인데, 뒤에서 물어뜯는 비겁한 소행입니다. 우리말로 '헐뜯다'는 '헐다'와 '뜯다'의 합성어입니다. 우리가 누군가를 비방하고 헐뜯는 것은 그만큼 그 사람을 얕잡아보는 행위입니다. 우리가 삶의 현장에서 경험할 수 있는 묘한 점이 있는데, 비판이나 험담은 혼자서 하지 않습니다. 함께 즐깁니다. 이것이 인간의 근본적인 죄성입니다. 성숙한 인격자일수록 남의 이야기를 하지 않습니다. 그래서 4세기의 신학자이자 교부敎父인 아우구스티누스Augustinus Hipponensis는 그 자리에 없는 사람 얘기할 때면 슬며시 자리에서 일어나 나갔다고 합니다.

이런 맥락에서 성경은 좀 더 적극적으로 "형제를 함부로 판단하지 말라"고 당부합니다. 여기 '판단하지 말라'는 단어는 '뒷공론하거나, 뒤에서 나쁘게 험담하지 말라'는 뜻입니다. 미성숙한 사람일수록 비방이나 뒷공론을 즐깁니다. 안 좋은 말을 옮기지 않고는 못 견뎌 합니다. 우리 주변에는 험담 뉴스를 신속하게 퍼뜨리는 것을 사명으로 삼는 사람도 있습니다.

유대인 교훈집 탈무드에서는 험담은 살인보다 더 위험하다고 가르칩니다. "살인은 한 사람씩 죽이지만, 험담은 세 사람을 동시에 죽인다. 험담을 퍼뜨리는 사람 자신, 그것을 반대하지 않고 듣고 있는 사람, 그리고 화제가 되어 있는 그 사람을 죽인다." 이 세상에서 가장 훌륭한 자는 사람을 세우는 사람입니다.

성경은 우리가 성숙한 그리스도인으로서 왜 비방과 험담을 하지 않아야 하는지를 어떻게 가르쳐 주고 있나요?

1. 우리는 서로 사랑해야 할 형제와 자매다

야고보서 4장 11절에서는 '형제'라는 말을 세 번이나 반복하며 강조합니다.

> "형제들아 서로 비방하지 말라 형제를 비방하는 자나 형제를 판단하는 자는 곧 율법을 비방하고 율법을 판단하는 것이라 네가 만일 율법을 판단하면 율법의 준행자가 아니요 재판관이로다"
>
> _야고보서 4:11 (개역개정)

우리는 하나님을 아버지로 섬기는 형제자매입니다. 더구나 우리 모두는 예수님 안에서 한 피 받아 한 몸 이룬 한 형제요 자매입니다. 우리가 한 가족, 한 식구라면 서로의 약점이 문제점으로 보이지 않고, 차이점으로만 보입니다. 형제란 서로 돕고 서로 이해해야 할 사람들입니다.

인도의 격언에 이런 좋은 말이 있습니다. "네가 그 사람의 신발을 두 주 동안 신어보기 전에는 그 사람의 걸음걸이를 평가하지 말라." 우리는 진정한 형제자매로서 서로를 깎아내리거나 뒷공론해서는 안 됩니다. 우리가 서로를 비방하거나 헐뜯지 말아야 할 이유를 몇 가지로 생각해 볼 수 있습니다.

첫째, 우리 자신도 같은 실수를 합니다. 인간은 모두 다 별수 없는 존재입니다. 약점과 허물은 오십보백보입니다. 자신부터 같은 실수를 반복하는 자에 불과합니다. 인간은 남을 비방하거나 헐뜯을 자격이 안 되는 것입니다.

둘째, 남의 단점보다 자신의 결점을 잘 보지 못합니다. 고대 그리스 철학자 탈레스Thales는 이렇게 말합니다. "이 세상에서 가장 힘든 일은 자기 자신을 아는 것이요, 이 세상에서 가장 쉬운 일은 타인에게 충고하는 것이다." 사람은 어지간해서 자신의 결점을 잘 모릅니다. 예수님 말씀처럼 자기 눈 속의 들보는 못 보고, 남의 눈 속의 티는 보는 것입니다마 7:3.

셋째, 우리는 그 사람 전체를 잘 모릅니다. 비방이란 언제나 부분만 보는 데서부터 시작합니다. 전체를 충분히 파악하지 못한 상태에서 판단할수록 잘못되기가 십중팔구입니다. 겉모습만 보고 그 사람의 사정을 제대로 알 수가 없습니다. 유대의 유명한 랍비 힐렐Hillel은 이렇게 가르쳐 줍니다. "네가 그 사람의 환경이나 입장이 될 때까지는 그 사람을 판단하지 마라."

우리가 듣고 안다고 하는 것 대부분은 부분적입니다. 우리는 종종 듣는 대로, 보는 대로 평가합니다. 대체적으로 한쪽 편의 말만 듣고 성급하게 판단합니다. 자기가 본 것이 전부이고, 자기가 들은 것이 다인 것처럼 주관적입니다. 객관적이지 못합니다. 선입견으로 편파적이 됩니다.

이 세상 모든 것이 보는 각도에 따라서 다릅니다. 앞에서 본 것과 뒤에서 보는 것이 다를 수 있습니다. 지금 본 것과 몇 시간 후에 보는 것에는 상당한 차이점이 있을 수 있습니다. 특히 비판적으로 보기 시작하면 장점이 안 보이기 때문에 더욱 잘못 보게 되는 경우가 많습니다. 이런 점에서 헬라인들은 우리에게 좋은 본보기를 제시합니다. 그들은 특별히 중요하고 어려운 재판일수록 객관적으로 정확하게 하려고 애를 썼습니다. 그래서 피고의 얼굴이 보이지 않는 어두운 방에서 재판을 했습니다. 아무런 선입관이나 편견을 갖지 않으려고 최선을 다한 것입니다. 이처럼 인간은 전체를 다 알지 못하는 존재이기 때문에 정확하게 판단하기 어렵습니다. 따라서 섣불리 비판하지 말아야 합니다.

스티븐 코비가 쓴 『성공한 사람들의 7가지 습관』에는 다음과 같은 이야기가 나옵니다. 스티븐 코비는 어느 일요일 아침 뉴욕에서 지하철을 타고 어디를 가고 있었습니다. 지하철을 탄 사람들은 조용히 앉아서 신문을 읽고 있었습니다. 또 어떤 사람들은 생각에 잠겨 있거나, 눈을 감고 쉬는 상황이었습니다. 전체적으로 매우 조용하고 평화스러웠습니다. 그런데 다음 정거장에서 한 중년 남자와 그의 아이들이 탑승했고, 안에 들어온 아이들은 매우 큰 소리로 떠들기 시작했습니다. 그런 제멋대로인 모습에 전체 분위기가 금방 바뀌었습니다. 아이들과 함께 탑승한 그 남자는 바로 스티븐 코비의 옆에 앉았는데 정작 그는 두 눈을 감고 이러한 상황에 대해 전혀 신경 쓰지 않는 듯이 보였습니다. 아이들은 앞뒤로 왔다갔다하면서 큰 소리로 말하고 물건을 팽개치며 심지어는 어떤 사람이 읽고 있는 신문을 움켜잡기까지 하였지만 아무런 반응을 보이지 않았습니다. 매우 소란스러운 분위기 속에서도 스티븐 코비의 옆에 앉아있는 이 남자는 죽은 듯이 가만히 있었습니다.

스티븐 코비는 이 남자가 자기 아이들이 저렇게 날뛰도록 내버려 두고 자신은 무감각하게 가만히 있으면서 아무런 책임도 지지 않는 것을 이해할 수 없었습니다. 화를 내지 않고는 견디기 어려운 상황이었습니다. 거의 모든 승객이 짜증을 내고 있음을 쉽게 알 수 있을 정도였습니다. 스티븐 코비는 더 이상 참을 수 없어서 이 남자에게 이렇게 말했습니다. "선생님 아이들이 저렇게 많은 손님에게 폐를 끼치고 있습니다. 어떻게 아이들을 좀 조용하게 할 수는 없겠습니까?" 그때야 이 남자는 마치 상황을 처음으로 인식한 것처럼 눈을 약간 뜨면서 다음과 같이 힘없이 말하였다. "당신 말이 맞습니다. 저도 뭔가 어떻게 해 봐야겠다고 생각합니다. 그런데 사실 지금 막 병원에서 오는 길인데 한 시간 전에 아이들의 엄마가 죽었습니다. 저는 앞이 캄캄해서 무엇을 어떻게 해야 할지 모르겠고 아이들

역시 이 일을 어떻게 해야 할지 막막한 것 같습니다."

그 남자의 말을 들은 스티븐 코비는 갑자기 상황을 다르게 보기 시작했습니다. 상황을 다르게 보기 시작하자 다르게 생각하게 되었고, 다르게 느끼게 되었기 때문에 다르게 행동하기 시작했습니다. 스티븐 코비의 짜증은 사라졌고, 오히려 그 남자의 고통이 스티븐 코비의 마음을 가득 채웠습니다. 그리고 동정심과 측은함을 느꼈습니다. 스티븐 코비는 그 남자에게 이렇게 말했습니다. "당신의 부인이 돌아가셨다고요? 저런 안됐습니다. 뭐라고 위로할 말이 없습니다." 모든 것이 순식간에 바뀐 것입니다.

야고보서 말씀의 본질 그대로 우리는 서로 사랑해야 할 형제자매입니다. 우리는 서로 세워주며 살아야 할 인생 동지입니다. 그런 우리가 누군가를 깎아내리고 헐뜯는 것은 신앙적이지 못합니다. 원래 '비방'이라는 단어 자체가 '마귀헬라어로 디아볼로스, διάβολος'라는 말과 동의어입니다. 사탄의 주특기는 이간질입니다. 히브리어로는 '사타나שָׂטָן'인데, '사이를 갈라놓는'이란 뜻입니다. 따라서 우리가 누군가를 헐뜯는 일을 즐기는 것은 사탄에겐 입을 빌려주는 꼴이나 다름없습니다.

우리가 누군가를 비난하면서 사랑하기는 어렵습니다. 비방은 사랑의 법을 어기는 소행입니다. 사랑하는데 헐뜯을 수 있을까요? 비방하면 서 사랑할 수는 없는 것입니다. 심리학자들의 분석에 의하면, 남을 향해 가혹한 사람일수록 자기를 향한 비난은 결코 참아내지 못한다고 합니 다. 반면에 자기를 향해서는 한없이 너그럽다고 말합니다. 실제로 교만 한 사람일수록 남의 교만을 못 참아 줍니다. 약점이 많은 사람일수록 남 의 약점을 들추어냅니다. 자기 스스로 부족하고, 자신감이 없을수록 남 의 일에는 바늘 끝처럼 예민하면서 자기에 관해서는 바다처럼 넓은 관용 을 베풉니다. 자신에게는 관대하고, 남에게는 가혹합니다. 이것이 열등 성 콤플렉스의 민낯입니다.

고려 말기에 무학대사가 이성계 장군을 찾아갔다고 합니다. 이성계 는 무학대사가 참 못생겼다고 생각했는지 보자마자 "자네는 돼지상이구 먼"이라고 말했습니다. 그런데도 무학대사는 이성계에게 "장군은 부처님 상이십니다"라고 응수했습니다. 이성계는 의아해서 "내가 자네더러 돼지 같다고 혹평했는데 자네는 어찌하여 나를 부처상이라고 호평하느냐?" 라고 물었습니다. 이때 무학대사가 한 말이 유명합니다. "사람은 누구나 자기 얼굴 생긴 대로 남의 얼굴을 봅니다."

자신의 허물을 정당화하려고 남의 약점을 입에 올리고 있는지 돌아보 아야 합니다. "가랑잎이 솔잎보고 바스락거린다고 나무란다"라는 말이 있습니다. 중국 고어에 "자기 집 두레박줄이 짧은 것은 탓하지 않고, 남의 집 우물이 깊은 것만 탓한다"라는 말도 있습니다. 이처럼 자기 허물이 큰 자일수록 남의 허물을 탓합니다.

우리는 성경을 통하여 숭엄한 진리를 깨달아야 합니다. 예수 그리스도께서는 내가 비방하는 바로 그 사람을 위해서 십자가에 못 박혀 죽으셨습니다. 내가 비난하는 그 사람을 위해 하나님은 하나밖에 없는 독생자를 십자가에 죽이기까지 하셨습니다. 그 정도로 그를 사랑하고 계십니다. 그러니 우리가 어떻게 헐뜯고 비방할 수 있습니까?

예수님의 제자 중에서 가장 실수와 허물이 많았던 베드로는 그 십자가의 사랑을 기초로 이렇게 선언합니다.

"무엇보다도 먼저 서로 뜨겁게 사랑하십시오. 사랑은 허다한 죄를 덮어 줍니다." _베드로전서 4:8(새번역성경)

우리는 서로 사랑하고 감싸주어야 할 형제자매입니다. 그러므로 서로 깎아내리지 말고, 세워주며 살아가시기 바랍니다. 철학자 플라톤Platon의 말이 큰 감동을 줍니다. "사랑하면 누구나 시인이 된다."

2. 하나님께서 모든 것을 판단하신다

우리는 남을 비판할 자격이 없습니다. 성경은 우리에게 매우 엄중한 질문을 던집니다.

"네가 누구이기에 네 이웃을 판단하느냐?"_야고보서 4:12(바른성경)

우리는 누구입니까? 죄인입니다. 우리부터 결점이 많은 자입니다. 문제투성이의 주인공입니다. 따라서 우리는 아무도 남을 판단하거나 저울질할 만큼 완전하지 못합니다. 자격 미달입니다. 오히려 내 눈 속에 있는 들보는 보지 못하고 남의 눈 속에 있는 티끌을 발견하는 우리입니다.

"어찌하여 형제의 눈 속에 있는 티는 보고 네 눈 속에 있는 들보는 깨닫지 못하느냐 보라 네 눈 속에 들보가 있는데 어찌하여 형제에게 말하기를 나로 네 눈 속에 있는 티를 빼게 하라 하겠느냐"

_마태복음 7:3-4(개역개정)

우리가 남을 판단하는 것은 하나님의 권리를 침범하는 행위입니다. 엄청난 월권행위입니다. 야고보서의 주제인 성숙한 영성의 사람은 하나님의 주권을 인정하며 삽니다. 판단은 하나님이 알아서 하실 일입니다. 하나님께서 죽이기도 하시고, 살리기도 하시므로 우리는 모든 문제를 하나님께만 맡겨야 합니다.

이것이 성숙한 신앙입니다. 우리는 비판하는 만큼 비판을 받을 것이요, 저울질하는 만큼 저울질 당할 것입니다. 또한 칭찬하는 만큼 칭찬을 받고, 허물을 감싸주는 만큼 나의 허물도 덮어질 것입니다. 그래서 성경은 우리에게 두 가지를 가르쳐 줍니다. 첫째는 우리가 남에 대해 사용하는 척도가 남이 우리에 대해 사용하는 척도가 됩니다. 둘째는 우리가 남에 대해 사용하는 척도가 하나님이 우리에 대하여 사용하시는 척도가 됩니다.

예수님은 비판과 관련하여 아주 래디컬하게 말씀하십니다.

"비판을 받지 아니하려거든 비판하지 말라"_마태복음 7:1(개역개정)

즉 비판받지 않기 위해서라도 비판하지 말라는 말씀입니다. 얼마나 실제적이고도 실리적인 말씀입니까? 우리는 남을 판단하는 순간, 나도 하나님 앞에서 심판받고 있음을 상기해야 합니다.

유대인 격언에도 이런 말이 있습니다. "자기 이웃을 좋게 판단하는 자는 하나님께로부터 좋게 판단 받을 것이다." 예수님도 우리에게 이런 모범을 보여 주셨습니다.

> "욕을 받으시되 대신 욕하지 아니하시고 고난을 받으시되 위협하지 아니하시고 오직 공의로 심판하시는 자에게 부탁하시며"
>
> _베드로전서 2:23(개역한글)

모든 것을 공정하게 심판하시는 하나님께 맡겼습니다. 우리도 모든 판단을 최후의 심판자이신 하나님께만 맡겨야 합니다. 비판이란 나의 일이 아니라, 하나님의 일입니다. 하나님과 그와의 관계된 일이므로 하나님께만 맡겨야 합니다. 또한 남을 판단하다가 결국 내가 죄에 빠지고 맙니다. 남을 잘못 판단하는 죄, 남을 헐뜯는 죄, 내 죄를 못 보는 죄에 빠지기도 합니다. 남을 헐뜯으면 내 입이 더러워질 뿐만 아니라, 듣는 사람의 귀도 더러워지게 합니다.

옛날 중국의 요 임금이 허유라는 사람에게 찾아가서 자기 아들을 헐뜯으면서 허유에게 자기의 후계자가 되어 달라고 부탁했습니다. 허유는 그 소리를 듣고는 자기 귀가 더러워졌다고 강가에 가서 자기 귀를 깨끗이 씻었다고 합니다. 그런데 때마침 소부라는 사람이 자기 소에게 물을 먹이려고 왔다가 왜 귀를 씻느냐고 물었습니다. 자초지종을 들은 소부는 자기 소에게 그 더러운 물을 마시게 할 수 없다고 하면서 위로 올라가서 물을 먹였다고 합니다. 그런데 이때 그 소문을 들은 강 주인은 급히 뛰어와서 당신들이 내 강물을 더럽혔다며 개탄했다고 합니다.

우리는 입도, 귀도 더럽히지 말아야 합니다. 비방하는 일이야말로 마귀의 일입니다. 사탄이라는 말 자체가 비방자, 참소자라는 뜻입니다. 따라서 사탄에게 내 입술을 빌려주지 않도록 주의해야 합니다. 판단은 하나님께서 하실 일이고, 우리가 할 일은 사랑으로 덮어주고 감싸주고 이해해 주는 일임을 기억해야 합니다. 더 나아가 남의 결점을 찾아내서 고치려 하기 전에, 우리 자신의 생활부터 고쳐야 합니다.

> "그러므로 여러분은 때가 되기 전, 곧 주께서 오실 때까지는 아무것도 판단하지 마십시오. 주께서는 어둠 속에 숨겨져 있는 것들을 밝히시고 마음의 동기를 드러내실 것입니다. 그때 하나님께서 각 사람을 칭찬하실 것입니다."_고린도전서 4:5(우리말성경)

이 세상에서 가장 훌륭한 자는 사람을 세우는 사람입니다. 우리 모두 사람을 세우는 자로 살아서 하나님께로부터 칭찬받을 수 있는 존재가 되어야 합니다.

1. 비판하고 싶은 상황일지라도 다른 각도에서 바라보면, 비판을 거둘 수 있습니다. 우리는 비방과 비판이 아닌, 서로 사랑을 주고받아야 할 존재입니다.

2. 누군가를 판단할 수 있는 분은 하나님뿐이십니다. 따라서 비판하고 비방하는 것은 하나님의 권위에 도전하는 일입니다.

3. 남을 비판할 수 있는 자격을 가진 사람은 없습니다. 내가 비판하는 만큼 결국 나도 비판을 받게 됩니다. 우리가 해야 할 일은 비판이 아닌, 남을 세워주는 일입니다.

3
PART

성숙의
최고봉을 이루는
그리스도인

13 여러분 가운데 "오늘이나 내일, 어떤 도시에 가서 일 년 동안, 그 곳에 머물며 사업을 벌여 돈을 벌어 보자"라고 말하는 사람들이 있습니다. 14 하지만 여러분은 내일 일을 알지 못하는 자들입니다. 여러분의 생명은 안개와 같아서 잠깐 보이다가 사라지고 말 것입니다. 15 그러므로 여러분은 "주님께서 원하시면 우리가 살 것이며, 이런저런 일을 할 것이다"라고 말해야 합니다. 16 하지만 여러분이 교만해져서 자랑을 하고 있으니, 이것은 잘못된 것입니다. 17 사람이 선한 일을 행할 줄 알면서도 행치 않는다면 그것이 바로 죄입니다.

SUMMIT OF MATURITY

당신은 주인이 달라진 사람

Chapter 11

───────── 프랑스 황제이자 군사 전략의 귀재였던 나폴레옹-Napoleon은 대륙을 정복하는 것에 대한 갈증을 절제하지 못했습니다. 급기야는 그가 러시아 침공 계획을 공표했을 때 참모 한 사람이 간곡하게 만류했습니다. "황제시여, 이만하시면 족하지 않으신가요? 사람이 아무리 완벽한 계획을 해도 하나님의 허락이 없으면 불가능한 일이 아닐까요?" 그러자 나폴레옹은 자신만만하게 응수했습니다. "내 사전에 불가능은 없다. 나는 계획도 하고 성취도 한다." 그러나 그의 계획은 처절하게 실패했습니다. 그의 무모한 자만은 러시아 눈밭에서 패전으로 끝났고, 그는 대서양에 있는 세인트 헬레나라는 고독한 섬에서 무기력하게 인생을 마감했습니다. 나폴레옹의 인생은 하나님의 뜻을 떠난 인

간 계획의 허망함을 여실히 보여 주고 있습니다.

야고보서 4장의 결론 말씀도 비슷한 스토리를 전제로 하고 있습니다. 옛날이나 지금이나 유대인들은 돈 버는 일에 탁월합니다. 영악하다 싶을 정도로 비상합니다. "현찰이 돌아가는 곳이면 유대인들도 따라 돈다"라는 말이 있을 정도입니다. 그들은 언제나 신흥도시에 가서 경제권을 장악하는데 선두였습니다. 그러다 보니 그들은 하나님을 믿는다고 하면서도 한 곳에서 신앙의 뿌리를 내리지 못했습니다. 돈을 따라다녔기 때문입니다.

"오늘이나 내일이나 우리가 어떤 도시에 가서 거기서 일 년을 머물며 장사하여 이익을 보리라"_야고보서 4:13(개역개정)

야고보서 4장 13절을 보면, 누구든지 나름대로 인생 계획을 완벽하게 세웁니다. 멋지게 사업을 구상합니다. 무엇보다도 주도면밀하게 계획을 세웁니다. 이 말씀 안에서만 완벽한 시나리오에 대한 내용을 네 번이나 강조합니다. 첫째, '내가 가리라'. 장소place가 분명합니다. 둘째, '내가 머물리라'. 기간period이 분명합니다. 셋째, '내가 사업하리라'. 내용project이 분명합니다. 넷째, '내가 이익을 창출하리라'. 목표purpose가 분명합니다.

그의 사업 계획, 즉 일정, 장소, 기간, 내용, 목표가 빈틈이 없습니다. 아주 훌륭합니다. 물론 우리는 무엇을 하든지 계획을 잘 세워야 합니다. 미래에 대한 준비도 잘해야 합니다. 요즘은 장수시대인 만큼 노후대책도 중요합니다. 무엇을 하든지 준비하지 않는 것은 게으름의 소치입니다. 성경은 게으름이라는 태만 죄를 엄중하게 다룹니다. 네덜란드의 철학자 스피노자Baruch de Spinoza의 인생 지론처럼, '내일 지구의 종말이 온다 해도, 오늘 한 그루의 사과나무를 심겠다'라는 미래에 대한 준비가 필요합니다. 그런데 하나님 없는 계획은 무용지물입니다. 이것이 말씀에 대한 핵심 주제입니다. 하나님이 빠진 인생 계획이야말로 치명적인 문제이자 실패의 근본 요인입니다. 여기서 야고보는 정곡을 찌르는 메시지를 들려줍니다. 곧 하나님 없는 계획planning without God에 대한 경고입니다.

사람들이 결정적으로 낭패하는 요인은 하나님 없이 살아가기 때문입니다. 누구나 자기 나름대로 인생 마스터 플랜master plan을 세우는데, 그 안에 하나님이 없습니다. 하나님을 빠뜨리고 자기가 주인 노릇을 하는 것입니다. 사업구상, 아이디어, 방법적 전략, 자금 동원과 조달 계획 및 수지타산 지표가 완전무결할 정도로 완벽한데 그 안에 하나님이 빠져 있습니다. 지금 가지고 있는 현금에 대출로 동원된 자금까지 더해 투자하면, 일정 기간 후 이익 배당금을 얻을 수 있다는 재테크 계획은 너무나 퍼펙트한데, 그 계획을 이루어 주시는 하나님을 의지하는 신앙은 빠져 있습니다. 이것이 우리의 현재 모습입니다. 자기 소견에는 일치의 오차가 없는 듯하지만, 하나님이 결재해 주시지 않으면 물거품이 되고 맙니다. 하나님 없는 계획일수록 일장춘몽으로 끝납니다. 하나님이 빠진 계획은 근본부터 실패합니다.

> "계획은 사람이 세우지만, 결정은 주님께서 하신다."
>
> _잠언 16:1(새번역성경)

하나님께 여쭙지 않고 자기 마음대로 사는 것을 실천적 무신론자 practical atheist라고 합니다. 누가복음 12장 20절에서 하나님은 "어리석은 자여, 오늘 밤에 네 영혼이 어떻게 될는지 아느냐?"라고 매우 진지하게 질문하십니다.

야고보서 4장 14절 말씀도 우리 인생을 아주 실감나게 표현합니다. 인생은 '잠깐 보이다가 없어지는 안개'와 같다고 합니다. 우리의 인생은 아침 햇살이 떠오름과 동시에 사라지는 초로에 불과합니다. 실제로 우리는 주변에서 인생이 허망하게 끝나는 분들이 의외로 많습니다.

인명은 재천입니다. 우리는 오직 하나님의 돌보심을 받으며 살아가야 합니다. 하루 한순간도 빠짐없이 하나님의 은혜가 필요할 뿐입니다. 인생의 주인은 내가 아니라, 하나님이십니다. 우리는 예수 믿고 구원받음으로 주인이 달라진 자들입니다. 그만큼 우리는 어떤 일을 추진하기에 앞서 하나님의 뜻부터 파악해야 합니다. 어떤 상황에서도 자신의 계획에 대한 하나님의 결재 승인부터 받아야 합니다. 따라서 성경은 곳곳에서 하나님의 뜻이 무엇인지부터 물으며 살아가라고 강조합니다.

> 그러므로 어리석은 자가 되지 말고 오직 주의 뜻이 무엇인가 이해하라 _에베소서 5:17(개역개정)

> 너희는 이 세대를 본받지 말고 오직 마음을 새롭게 함으로 변화를 받아 하나님의 선하시고 기뻐하시고 온전하신 뜻이 무엇인지 분별하도록 하라 _로마서 12:2(개역개정)

우리는 내일 일을 모르며 살아가는 자들입니다. 그렇기에 언제나 주님의 뜻을 물으며 주님의 인도하심을 따라 사는 자가 되어야 합니다.

> "너는 내일 일을 자랑하지 말라 하루 동안에 무슨 일이 일어날는지 네가 알 수 없음이니라"_잠언 27:1(개역개정)

미국 역사상 가장 존경 받는 목사인 조나단 에드워드Johnathan Edwards의 유명한 '다섯 가지 결심'이 있습니다. 그가 존경받는 위대한 인물이 된 것은 이 다섯 가지 결심을 실천했기 때문이라고 합니다. 그 결심은 첫째, 목숨이 살아있는 한 전력을 다해 주님의 뜻을 위하여 사는 것, 둘째, 다른 사람을 깎아내리거나 욕이 되는 말이나 행동은 절대 하지 않는 것, 셋째, 어떤 말이나 행위도 앙갚음이나 복수심으로는 결코 하지 않는 것, 넷째, 걱정거리가 되거나 부끄러움으로 남을 일은 결코 하지 않는 것, 다섯째, 나의 모든 시간은 창조적이며 건설적으로 쓰고, 어물어물 보내는 시간은 절대로 없게 하는 것입니다. 실상 이 다섯 가지 결심은 첫째 조항에 다 포함될 수 있습니다. '목숨이 살아있는 한 전력을 다하여 주님의 뜻을 위하여 산다.' 이것이 바로 그리스도인의 인생관입니다.

하나님의 뜻은 모호하지 않습니다. 우리를 위해 최상의 계획을 세워놓고 계십니다. 미로 찾기 게임 속에 우리를 넣고 골탕 먹이시는 분이 아닙니다. 하나님은 우리가 우리 자신을 아는 것보다 더 깊이 우리를 잘 알고 계십니다. 즉 하나님은 우리 각자에게 가장 적합한 것이 무엇인지 우리보다 더 잘 아십니다. 하나님은 우리에게 가장 좋은 것을 주고 싶어 하십니다. 우리 자신이 원하는 행복의 양보다 더 많이 우리의 행복을 원하십니다.

오스왈드 호프만Oswald Hoffman 박사는 이렇게 말합니다. "우리에게 선물 꾸러미를 주시는 하나님께서 리본이 아까워서 안 주실 수 있다고 생각합니까?" 하나님은 우리에게 독생자 예수님을 아낌없이 내어 주신 만큼 우리에게 필요한 모든 것을 기꺼이 주십니다.

> "자기 아들을 아끼지 아니하시고 우리 모든 사람을 위하여 내주신 이
> 가 어찌 그 아들과 함께 모든 것을 우리에게 주시지 아니하겠느냐"
>
> _로마서 8:32(개역개정)

하나님은 오늘도 우리가 그분께만 의지하기를 원하십니다. 청교도 설교자 에이든 토저A. W. Tozer가 강조하듯이 우리가 하나님의 뜻을 기꺼이 따르려고 한다면, 결코 잘못된 선택을 하지 않습니다. 하나님께 여쭤보며 사는 사람은 대부분 옳은 결정을 합니다. 하나님의 뜻 안에서 살아가는 것만이 성공에 이르는 유일한 길입니다. 하나님의 뜻 안에는 실패가 없다고 한다면 반대로 하나님의 뜻 바깥에서는 진정한 성공이 있을 수 없습니다.

기독교인들은 A. D. 500년대까지 편지의 마지막 부분에 자기 이름과 함께 'DV'라는 대문자로 사인을 했습니다. 라틴어로 데오 발렌테Deo Valente인데, '주님이 원하시면Lord willing'이라는 뜻입니다. 그들은 모든 계획과 소망 위에 하나님의 뜻을 최우선으로 살았습니다. 우리는 주인이 바뀐 사람들입니다. 내 인생의 주인은 하나님이십니다.

당신은 얼마나 하나님의 주되심을 인정하며 살아가고 있습니까? 당신은 얼마나 하나님의 뜻을 여쭈며 따르고 있습니까? 신앙의 성숙이란 '자신의 리더십' 곧 주도권을 뛰어넘어 '하나님의 로드십' 곧 주되심을 인정하며 살아가는 데 있습니다. 그러므로 우리가 진정으로 성숙한 성도가 되려면 자신의 모든 문제를 하나님의 절대주권에 맡겨야 합니다.

그렇다면 우리는 어느 정도로 주님의 뜻을 물으며 살고 있습니까? 성경은 이러한 점을 분명하게 가르칩니다. 육신에 속한 신자는 하나님의 뜻을 묻지 않고 자기 마음대로 살아갑니다. 그래서 예수님께서는 매우 엄숙하게 경고하십니다.

> "나더러 주여 주여 하는 자마다 다 천국에 들어갈 것이 아니요 다만 하늘에 계신 내 아버지의 뜻대로 행하는 자라야 들어가리라"
> _마태복음 7:21(개역개정)

야고보서 4장 15절은 매우 도전적으로 결론을 내립니다.

> "주님이 원하셔서 우리가 살게 된다면, 이러저러한 일을 하겠다고 말하는 습관을 들이십시오." _야고보서 4:15(메시지성경)

우리는 그동안 살아오면서 계획을 세우는 데 얼마나 하나님의 뜻을 물어보았습니까? 바울은 다메섹 도상에서 하나님의 자녀로 거듭난 후부터 언제나 이렇게 기도하며 계획을 세웠습니다. "주께서 허락하시면고전 4:19, 주님의 뜻이라면고전 16:7."

그는 갈라디아 북부 지방으로 선교할 계획을 치밀히 세웠음에도 불구하고, 주님의 뜻을 따라 유럽 지방으로 방향을 돌립니다. 그는 신변의 안전을 위해 에베소에 머물라는 성도들의 간절한 호소에도 불구하고 주님의 뜻을 따라 예루살렘으로 갑니다. 로마에 가면 틀림없이 엄청난 박해와 고난, 그리고 죽음이 기다리고 있는 줄 알면서도 주님의 뜻에 따라 로마로 갑니다.

> "너희는 이 세대를 본받지 말고 오직 마음을 새롭게 함으로 변화를 받아 하나님의 선하시고 기뻐하시고 온전하신 뜻이 무엇인지 분별하도록 하라"_로마서 12:2(개역개정)

이것이 성숙한 믿음입니다. 예수님은 하나님의 뜻대로 살려고 십자가를 지셨습니다. 우리 또한 주님의 뜻이라면 무엇이든지 순종하며 살 수 있어야 합니다. 허황된 자랑을 다 버리고 정말 주님이 원하시는 인생을 살아야 합니다.

자신의 계획이 아무리 좋게 여겨지고, 완벽하게 판단되어도, 주님의 뜻을 우선하는 삶을 살아야 합니다. 하나님의 송신기는 항상 정상인데, 우리의 수신기가 때때로 잘못되곤 합니다. 그런 우리에게 필요한 것은 영적 성숙 지표를 올리는 것입니다. 그리고 영적 성숙 지표를 올리는 것은 기도를 바꾸는 것입니다. 이제 우리는 "주님, 제가 하는 일을 축복하소서"라고 기도하는 대신, "주님 저로 하여금, 하나님이 축복하시는 일을 하게 하소서"라고 기도해야 합니다.

기독교 교육학자 조지 트루엣George Truett 박사는 이렇게 가르칩니다. "하나님의 뜻을 안다는 것은 위대한 지식이며, 하나님의 뜻을 행한다는 것은 위대한 성취다." 내가 바라고 원하는 성취가 아니라, 하나님이 원하시는 삶을 사는 자가 위대한 성공자입니다.

그렇다면 우리가 어떻게 하면 하나님의 뜻대로 살 수 있을까요?

1. 성경을 기준으로 삼자

성경은 인생의 매뉴얼입니다. 완전무결한 내비게이션navigation입니다. 미국의 훌륭한 설교가 찰스 스윈돌Charles Swindoll은 이렇게 말합니다. "당신이 하나님의 말씀을 더 잘 알게 되면 될수록, 하나님의 뜻은 더욱 분명해진다." 하나님의 뜻은 하나님의 말씀 안에 분명히 나타나 있습니다. 당신의 인생에 대한 하나님의 뜻이 거의 모두 성경에 이미 나타나 있다는 사실이 당신을 놀라게 한 적은 없습니까? 이 사실을 이해하는 것이 중요합니다. 오늘도 하나님은 성경을 통해 말씀해 주시고, 인도해 주십니다.

2. 충분히 기도하자

지금 우리는 하나님의 뜻을 우리에게 보여 달라고 시간을 들여서 기도하고 있습니까? 우리가 하나님의 뜻대로 바른 판단과 결정을 하려면 충분히 기도해야 합니다. 야고보서 1장 5절에서 이 사실을 보증하고 있습니다.

"여러분 가운데 누구든지 지혜가 부족하면 모든 사람에게 후히 주시고 꾸짖지 않으시는 하나님께 구하십시오. 그러면 주실 것입니다."
_야고보서 1:5(우리말성경)

이 말씀대로 우리는 하나님의 인도를 받기 위해 날마다 기도해야 합니다.

3. 성령님의 인도에 민감하자

성령님은 우리에게 하나님의 뜻을 깨닫게 하여 주십니다롬 8:26-27; 고전 2:10. 성령님은 우리가 듣고 읽은 말씀이 예상치 못한 순간에 생각나게 하셔서 우리를 신비롭게 인도해 주십니다요 14:17, 26. 우리는 성령님께 민첩할수록 실수하지 않는 인생을 살아갈 수 있습니다.

아더 피어슨A. T. Pierson은 이런 짤막한 간증으로 깊은 감동을 줍니다. "나는 하나님이 인도하시는 대로 간다. 하나님이 인도하실 때 간다. 하나님이 인도하시는 곳으로 간다. 지난 20년 동안 내 인생의 기도는 바로 이것이었다."

4. 마음을 비우자

인생에서 실수를 저지르게 되는 근본은 욕심 때문입니다. 욕심이 눈을 어둡게 하고, 판단을 흐리게 합니다. 고집을 부리게 합니다. 자기중심적인 욕심과 갈망 때문에 하나님의 뜻을 따르기를 거부합니다약 1:14-15. 우리가 마음을 비울 때 하나님이 내 안에 들어오십니다. 그리고 최상의 것으로 채워 주십니다.

금세기 훌륭한 상담가인 팀 라헤이Tim LaHaye 박사는 이런 간증을 합니다. "하나님께서 알맞은 때에 하나님의 뜻을 보여 주지 않으셔서 하나님의 뜻대로 행하지 못한 사람은 여태까지 아무도 없었다." 따라서 우리도 주님의 뜻을 여쭤보며 살아야 합니다. 그만큼 하나님은 최상의 길로 인도해 주십니다.

우리는 예수님을 믿고 구원받음으로 주인이 달라진 자가 되었습니다. 이제는 내 인생의 주인이 하나님이십니다. 우리는 더 이상 내 마음의 중심에 주인으로 앉지 말고, 하나님께 주권을 이양해 드려야 합니다.

항상 마음을 비우고, 하나님의 뜻을 따라 살기로 힘써야 합니다. 바울은 언제나 "주님의 뜻이라면! 주님께서 허락하시면!"이라고 고백하며 마음을 비웠습니다. 그 결과 그는 하나님의 뜻대로 살 수 있었습니다.

예수님도 본을 보여 주십니다. 그는 십자가 수난을 앞두고 "아버지, 내 뜻대로 되게 하지 마시고, 아버지의 뜻대로 되게 하여 주십시오" 눅 22:42, 새번역성경라며 진솔한 기도를 드리셨습니다.

우리 모두 주님의 뜻대로 순종하며 삶을 살기로 결단해야 합니다. 모든 기도 속에서 응답받는 은혜를 누려야 합니다.

"무엇이든지 구하는 바를 그에게서 받나니 이는 우리가 그의 계명을 지키고 그 앞에서 기뻐하시는 것을 행함이라"_요한일서 3:22(개역개정)

KEY POINT 🖊

1. 우리는 살아가면서 철저한 계획을 세웁니다. 하지만 그 계획을 이루시는 분은 하나님이십니다. 곧 우리가 의지해야 하는 것은 내 계획, 생각이 아닌, 오직 하나님의 뜻입니다.

2. 하나님의 뜻을 의지하고 따르기 위해 필요한 것이 기도와 말씀입니다. 하나님의 말씀이 모든 인생 가운데 기준이 되어야 하고 내 삶을 기도로 채워야 합니다.

3. 성령님은 하나님의 뜻을 깨닫게 하십니다. 그런 성령의 인도하심을 받아야 하며, 온전한 인도하심 속에 거하기 위해 나의 욕심을 철저히 비워내야 합니다.

1 부자들이여. 잘 들으십시오. 여러분에게 고난이 닥칠 것이니 소리 높여 슬프게 우십시오. 2 여러분의 재물은 썩었고, 여러분의 옷은 좀먹었습니다. 3 여러분의 금과 은은 녹이 슬었으며, 그 녹이 여러분의 잘못에 대한 증거가 되고 있습니다. 그것이 불같이 여러분의 몸을 갉아먹을 것입니다. 여러분은 세상 마지막 때에 재물을 쌓고 있습니다. 4 일꾼들이 들에서 일하나 그들에게 품삯을 주지 않으니. 추수한 곡식 앞에서 그들이 울부짖고 있습니다. 이제 만군의 주님께서 그들의 우는 소리를 들으셨습니다. 5 이 땅에서 여러분은 사치스런 생활과 쾌락을 즐겼으며, 마치 도살장에 끌려가기 전의 짐승처럼 자기 배만 채웠습니다. 6 죄 없는 사람을 정죄하고 오히려 그를 죽였습니다. 그는 여러분에게 대항하지 않는 자였습니다.

SUMMIT OF MATURITY

돈을 성화시켜
영적 성숙을
이루자

Chapter 12

——————— "당신에게 돈이 얼마나 있으면 좋을
것 같습니까?" 루마니아 교회의 영적 지도자였던 리처드 범브란트Richard
Wurmbrand 목사는 이에 대해 아주 멋진 대답을 전합니다. "부재물는 구두
와 같다. 구두는 크다고 좋은 것이 아니다. 자기 발에 적합해야 하듯이,
부도 자기 인생에 적합해야 한다." 아주 명확한 정의입니다. 돈은 있을수
록 좋은 것입니다. 그러나 자기에게 적당해야 합니다. 돈이 너무 없으
면 불편하게 살아가야 하고, 너무 많으면 부패할 가능성이 높습니다.
그래서 성경은 하나님께서 주신 자기 몫분복에 만족하라고 가르쳐 주
십니다.

돈을 장미나무에 비유해 본다면 어떨까요? 장미가 꽃 역할을 할 때는 좋지만, 가시 역할을 할 때는 찌르고 상처를 줍니다. 돈은 누구 손에 들어가느냐에 따라 그 가치가 달라집니다. 마치 칼이 강도에게는 무기가 되고, 요리사에게는 아주 좋은 도구가 되는 것과 같습니다. 철학자 프랜시스 베이컨Francis Bacon이 말한 대로, 돈은 최선의 종이요, 최악의 주인이 될 수 있습니다.

유대 격언에서는 이렇게 말합니다. "돈을 지배하라. 그러면 그 돈은 당신에게 충성된 종이 되어줄 것이다. 그러나 돈을 섬기면 그 돈은 당신에게 폭군이 될 것이다." 돈은 복이 되기도 하고, 화가 되기도 합니다. 선물도 되고, 뇌물도 됩니다. 실제로 현실에서도 돈 때문에 싸우기도 하고, 돈 덕분에 좋은 혜택을 누리기도 합니다.

야고보는 이미 1장 14절에서 '사람이 시험을 받는 것은 자기 욕심에 끌려 유혹을 받기 때문'이라며 돈에 대한 욕심의 위험성을 경고합니다. 실제로 돈 문제로 사기를 당하거나 불행해지는 모든 근원은 자기 욕심에서 기인합니다.

우리가 잘 아는 대로 원숭이를 잡는 덫은 코코넛입니다. 코코넛에 원숭이 손 하나가 들어갈 만한 구멍을 뚫어 속을 파내고 유인용 쌀을 안에

채워 넣습니다. 그런데 원숭이가 코코넛 안에 손을 넣어 쌀을 움켜쥐면 손을 꺼낼 수 없게 됩니다. 사실상 원숭이는 자신의 욕심 때문에 덫에 갇히고 마는 것입니다. 한 줌의 쌀을 포기하면 자기 생명을 구할 수 있는데도, 욕심 때문에 스스로 덫에 걸려 잡히는 것입니다.

한자로 '인위재사 조위식망'이라는 사자성어가 있습니다. '사람은 재물 때문에 죽고, 새는 먹이 때문에 죽는다'라는 뜻입니다. 돈은 현실적으로 중요한 문제입니다. 성경에서 믿음에 관해서는 450개 구절, 기도에 관해서는 500개 정도의 구절을 반복하는 반면에, 돈에 관하여는 2,350개의 구절을 언급하고 있습니다. 예수님의 설교도 3분의 2의 분량이 돈 문제를 다루고 있습니다. 돈이 그만큼 현실적으로 중요한 이슈입니다.

성경은 돈이나 부를 절대 부정적으로 평가하지 않습니다. 돈이 일만 악의 뿌리가 아니라, 돈을 사랑함이 일만 악의 뿌리라고 가르칩니다딤전 6:10. 오히려 하나님은 돈이나 부를 축복의 수단으로 사용하고 계십니다. 성경은 부자에 대하여 결코 부정적이지 않습니다. 잘못된 부자를 비판할 뿐입니다. 오히려 성경은 경건한 부자를 예찬합니다.

성경에 등장하는 훌륭한 인물들은 대부분 경건한 부자들입니다. 그들은 하나님을 경외함으로 복을 받은 자들임을 자랑스럽게 소개합니다.

아브라함과 욥부터 시작하여 예수님의 제자들 중, 베드로, 마태, 니고데모, 아리마대 요셉 등은 매우 부자입니다. 성경이 엄중하게 지탄하는 부자는 잘못된 방법으로 부자가 되려는 자들일 뿐입니다.

존 웨슬리John Wesley 목사는 "신자에게 있어서 맨 마지막으로 거듭나는 것이 있다면 그것은 곧 호주머니다"라고 말했습니다. 그의 말대로 돈지갑이 거듭나야 합니다. 어떤 분이 침례를 받게 되었는데 물속으로 들어갈 때 돈지갑을 가지고 온 것을 깨닫고는 강가에 서있던 자기 부인에게 돈지갑을 건네주려고 했습니다. 그랬더니 집례하시던 목사가 이렇게 말했다고 합니다. "선생님, 선생님의 돈지갑도 함께 침례를 받아야 하겠습니다."

우리 모두에게도 돈지갑이 거듭나는 은혜가 있기를 바랍니다. 존 웨슬리 목사는 이렇게도 말합니다. "그의 신앙이 얼마만큼 성장하고 있는지는 그가 재물을 어떻게 사용하고 있느냐에 비례한다."

야고보서 5장 말씀의 배경은 아주 간단합니다. 역사 이래로 유대인들은 돈 버는데 천재적 소질이 농후합니다. 지금도 현찰이 돌아가는 곳이면 어디든지 유대인들도 따라 돕니다. 그 당시 유대 사회는 해외무역으로 큰돈을 번 신흥 갑부들이 많았습니다. 그런데 돈을 벌수록 더욱 욕심이 커져서 사취행위를 일삼았습니다. 그 당시의 고가품인 비단이나 금은 보석들을 사재기하고, 매점매석買占賣惜을 하였습니다.

> "부자들은 들으십시오. 여러분에게 닥쳐올 비참한 일들을 생각하고
> 울며 부르짖으십시오. 여러분의 재물은 썩고, 여러분의 옷들은 좀먹
> 었습니다. 여러분의 금과 은은 녹이 슬었으니, 그 녹은 장차 여러분을
> 고발할 증거가 될 것이요, 불과 같이 여러분의 살을 먹을 것입니다.
> 여러분은 세상 마지막 날에도 재물을 쌓았습니다."
>
> _야고보서 5:1-3(새번역성경)

이 말씀은 자신의 재산만 축적하려고 여러 사람을 피눈물이 나게 하는 자를 향한 엄중한 경고의 메시지입니다. 여기서 성경은 네 가지 레디컬한 단어를 사용합니다. "썩고, 좀먹고, 녹이 슨다. 그리고 여러분의 살을 불처럼 삼켜버릴 것이다." 결국 돈 때문에 망한다는 교훈입니다.

사람은 언제나 종말의식을 가지고 살아야 하는데 다 사라질 돈 때문에 하나님을 잊어버리고 살다가 망합니다. 실제적으로 그 당시에 돈을 많이 모았다고 자랑하던 이스라엘의 많은 부자가 가진 것을 모두 잃었습니다. 야고보가 이 편지를 쓰고 불과 10년을 넘기지 못한 주후 70년에, 로마의 디도Titus 황제에 의해 예루살렘이 함락될 때 그들의 모든 재물

도 약탈당하거나 불에 타버리고 말았습니다. 재물은 이처럼 허무한 것입니다. 그러므로 우리는 지금 가진 것이 있을 때, 제대로 활용하며 살아야 합니다.

더 나아가 우리는 다른 사람에 비해 재산이 조금 더 있다고 하여 거드름을 피워서는 안 됩니다. 강준민 목사의 책『지혜와 영적 성숙』에는 이런 이야기가 나옵니다.

어느 날 알티비데스라는 부자는 소크라테스Socrates에게 자신의 땅이 얼마나 넓은지 자랑했습니다. 그러자 소크라테스는 작은 세계지도를 펴서 "당신의 땅이 어느 위치에 있습니까?"라고 물었습니다. 알티비데스는 "선생님, 농담이 지나치십니다. 내 토지가 아무리 넓다고 해도 세계지도에 나와 있을 리가 있습니까?"라고 대답했습니다. 그러자 소크라테스는 "세계지도에도 나와 있지 못할 정도의 땅을 가지고 있다면, 당신은 진짜 부자라고는 말할 수 없소"라고 일침을 가했습니다.

야고보서는 성숙을 위한 청사진, 성숙 지침서입니다. 그런데 신앙적 성숙의 정점은 지갑과 통장이 거듭나는 것입니다. 곧 주머니가 중생해야 합니다. 야고보서는 마지막 결론 부분에 이르러서 돈을 성화시켜서 영적 성숙을 이루어 가라고 당부합니다. 그렇다면 우리는 돈과 신앙생활에 관하여 어떤 원리를 적용해야 할까요?

1. 돈을 버는 목적이 분명해야 한다

성경은 우리에게 매우 중요한 용어를 사용합니다. 바로 '청지기'라는 용어입니다. 이 단어는 모든 일에 부지런하고 성실하게 살아야 한다는 깊은 의미를 내포합니다. 따라서 우리는 하나님 나라의 청지기로서 돈도 성실하게 벌어야 합니다. 분명 우리에게 돈이란 중요한 것입니다. 돈이 있어야 하는 것이고 벌어야 하는 것입니다. 돈을 모으는 것 또한 필요합니다. 그러나 돈 버는 것이 인생의 목적이 되어서는 안 됩니다. 무엇보다도 돈을 버는 목적이 분명해야 합니다. 돈은 수단으로 주신 것입니다.

그런데 사람들은 무조건 모으기만 합니다. 잘 쓰기 위해서 모으는 게 아니라, 모으기 위해서 모읍니다. 돈이 있어야 마음이 든든하기 때문이기도 합니다. 그래서 히브리 잠언에 이런 말이 있습니다.
"무거운 돈지갑을 무겁다고 생각하는 사람은 아무도 없다. 비어 있는데도 세상에서 가장 무거운 것이 곧 빈 지갑이다."
사람들은 돈을 자꾸만 모읍니다. 그래서 저는 이렇게 권면해 봅니다.
"당신이 돈을 위해서 일하지 말고, 돈이 당신을 위해서 일하도록 하십시오."

우리가 돈을 벌고 모으는 데 있어 네 가지 핵심 원리를 잘 준수하라고 가르쳐 줍니다.

첫째는, 자신의 건강을 해치지 말아야 한다는 것입니다. 어떤 사람들은 돈 좀 벌어보겠다고 죽도록 일만 하다가 죽습니다. 우리가 욕심에 눈이 어두워 건강을 잃으면 되로 벌고, 말로 쓰게 됩니다. 영어로 '비참한 miserable'이라는 단어는 '구두쇠miser'에서 유래하였습니다. 우리는 건강이 재물보다 더 중요하다는 것을 기억해야 합니다. 자신의 분복에 만족하며 살아야 합니다.

둘째는, 자신의 가족을 희생시키지 말아야 한다는 것입니다. 부모가 돈 버는 일에만 급급하면 불행해질 수 있습니다. 돈으로 멋진 하우스house, 곧 '집'은 살 수 있어도, 행복한 홈home 곧 '가정'은 사지 못합니다. 행복이 우선이고, 돈은 차선입니다.

셋째는, 다른 사람에게 피해를 주지 말아야 한다는 것입니다. 하나님은 우리가 정직하고 공정하게 돈 벌기를 원하십니다. 곧 깨끗하게 벌어야 합니다.

"부자들은 들으십시오. 여러분에게 닥쳐올 비참한 일들을 생각하고
울며 부르짖으십시오. … 보십시오, 여러분의 밭에서 곡식을 벤 일꾼

들에게 주지 않고 가로챈 품삯이 소리를 지르고 있습니다. 그래서 그

일꾼들의 아우성소리가 전능하신 주님의 귀에 들어갔습니다."

_야고보서 5:1, 4(새번역성경)

지금도 우리 주변에는 사취당한 품삯이 소리를 지르고 있으며, 하나님의 귀에 들리고 있습니다. 다른 사람으로 하여금 피눈물 나게 하는 만큼 자신도 비참한 피눈물을 쏟게 되는 것입니다.

넷째는, 신앙 성장에 방해받지 말아야 한다는 것입니다. 인생의 목표는 재산을 증식하는 것보다 신앙 성장이 우선입니다. 돈 때문에 영적 성숙이 방해받지 않도록 우선순위가 분명해야 합니다. 예수님은 마태복음 13장 22절현대어성경에서 다음과 같은 근본적인 지침을 주십니다. "생활에 대한 걱정과 돈을 벌겠다는 생각이 하나님의 말씀을 막아버리는 사람이 있다."

우리가 신앙적으로 더 멋지게 성장할 수 있는데도, 돈에 대한 집착 때문에 성숙이 멈추는 경우가 많습니다. 따라서 돈을 절대화시키지 말고, 상대화, 수단화시킬 수 있어야 합니다. 돈 때문에 하나님을 잊어버리는 일이 없어야 합니다. 분명 심판과 진노의 날, 돈은 무가치한 것으로 남습니다잠 11:4.

우리는 돈으로 어디든지 갈 수 있습니다. 하지만 천국은 돈으로 갈 수 없습니다. 또한 우리는 돈으로 무엇이든 살 수 있습니다. 단 행복은 제외입니다. 돈을 따라다니는 자가 되지 말고, 돈이 붙어 다니는 은혜가 있어야 합니다.

> "그러나 지족하는 마음이 있으면 경건이 큰 이익이 되느니라 우리가 세상에 아무것도 가지고 온 것이 없으매 또한 아무것도 가지고 가지 못하리니 우리가 먹을 것과 입을 것이 있은즉 족한 줄로 알 것이니라"_디모데전서 6:6-8(개역한글)

2. 돈을 버는 방법이 깨끗해야 한다

유대인들은 부자가 되는 방법을 이렇게 가르칩니다. "내일 할 일을 오늘 하고, 오늘 먹을 것을 내일 먹어라." 그런데 수전노守錢奴 인생을 사는 사람은 이런 괴변 철학으로 살아갑니다. "내일 받을 것을 오늘 받고, 오늘 줄 것을 내일 주라."

> "보십시오. 여러분이 밭을 가는 일꾼들에게 지불하지 않은 품삯이 소리 지르며 추수하는 사람들의 울부짖는 소리가 만군의 주의 귀에 들

돈이 우리의 모든 것을 말해줄 때가 있습니다. 어떤 중년신사가 화가를 찾아가 자기 초상화를 그려 달라고 부탁했습니다. 그는 부자인데도 화가에게 돈을 쥐꼬리만큼만 주었습니다. 그런데 며칠 후 그림을 찾으러 갔더니, 자기 초상화를 값싼 종이에다 뒷모습만 그려 놓았습니다. 그는 화가에게 따졌습니다. "왜 뒷모습만 그렸습니까?" 화가는 껄껄 웃으며 이렇게 대답했습니다. "당신 얼굴에는 체면이 없기에 당신을 생각해서 뒷모습만 그려준 것이오."

저는 통일민이나 중국 동포, 러시아 동포들한테 이따금 가슴 아픈 애환을 들었습니다. 아직도 임금을 착취하는 악덕 기업주들로부터 고통받고 있다는 것입니다. 그런데 성경은 노동자의 헌장과 같은 '근로 기준법'을 잘 제시합니다. 특별히 약한 자일수록 잘 보살펴 주어야 합니다.

"곤궁하고 빈한한 품꾼은 너의 형제든지 네 땅 성문 안에 우거하는 객이든지 그를 학대하지 말며 그 품삯을 당일에 주고 해 진 후까지 끌지 말라 이는 그가 빈궁하므로 마음에 품삯을 사모함이라 두렵건대 그가 너를 여호와께 호소하면 죄가 네게로 돌아갈까 하노라"

_신명기 24:14-15(개역한글)

무엇보다 돈을 버는 과정에서 남을 억울하게 하면 안 됩니다. 바르게 벌고, 깨끗하게 벌어야 합니다. 하나님은 깨끗한 돈만 받으십니다. 다른 사람들의 것을 착취해서 주님께 드린답시고 교회에 헌금을 많이 낸다고 할지라도 아무 소용이 없습니다. 하나님께서 가인의 제사를 받지 않으신 이유는 무엇입니까? 그는 본래가 악한 자였기 때문입니다요일 3:12.

3. 돈을 가치 있게 사용해야 한다

야고보서가 전하는 결론적 이슈는 바로 '돈을 어떻게 사용할 것인가?' 하는 문제입니다. 그리고 이 이슈는 다음의 세 가지 메시지로 다시 구분됩니다.

첫째는 돈을 비생산적으로 쓰지 말아야 합니다약 5:5. 성경에서 금하는 것 중에 하나가 사치와 낭비입니다. 사치는 낭비이자 죄입니다. 하나님은 생산적으로 사용하도록 돈을 주셨습니다. 하나님은 필수품만 주시지, 사치품은 허락하지 않으십니다. 인류 역사는 언제나 사치하다가 망했습니다. 아름다운 것과 사치는 다릅니다. 이스라엘 민족은 사치하다가 우상을 섬겼고, 로마는 사치하다가 타락했습니다.

둘째는 돈을 비윤리적으로 쓰지 말아야 합니다^{약 5:6}. 영어에 이런 말이 있습니다. "누구든지 금을 가진 자가 법을 만든다Whoever has the gold makes the rules." 재판도 돈으로 이기는 세상입니다. 돈이면 다 해결되는 금권 사회가 되었습니다. 옛날부터 잘못된 부자들은 재판관을 매수하여 옳은 자를 억울하게 패소시키는 일이 많았습니다. 하지만 옳은 자들은 변호사비가 없으니 항소도 못했습니다. 유전무죄, 무전유죄는 지금도 반복되고 있습니다. 하나님이 복 주신 돈을 뇌물로 쓰이지 않게 해야 합니다.

셋째는 돈을 선한 사업에 써야 합니다. 히브리 격언에 "큰 부자에게는 결코 자녀가 없다. 상속자만 있을 뿐이다"라는 말이 있습니다. 결국 '돈은 쓰든지, 없어지든지, 아니면 돈은 주든지, 빼앗기든지' 중 하나입니다. 그래서 성경은 말씀합니다.

> "보물을 여기 땅에 쌓아 두지 마라. … 보물은 하늘에 차곡차곡 쌓아
> 두어라." _마태복음 6:19-20(메시지성경)

하나님께서는 우리가 번 돈보다는 쓴 돈을 계산하십니다. 하나님은 우리가 돈을 얼마나 벌었느냐 보다, 어디에 어떻게 썼느냐를 더욱 중요시합니다. 우리 그리스도인들은 돈에 관하여 세 가지 기쁨을 누릴 수 있습

니다. 첫째는 버는 기쁨, 둘째는 모으는 기쁨, 셋째는 쓰는 기쁨입니다.

감리교의 창시자 존 웨슬리의 인생 신념을 본받아야 합니다. "첫째, 할 수 있는 대로 많이 벌어라. 둘째, 할 수 있는 대로 많이 모아라. 셋째, 할 수 있는 대로 많이 베풀라."

우리 그리스도인들에게 저축은 목적이 아니라, 수단에 불과해야 합니다. 하나님은 우리가 돈을 오용하지 말고, 선용하기를 원하고 계십니다. 과연 우리는 돈을 쓰는 일에 얼마나 성화 되어 가고 있습니까? "당신의 좋은 영향을 위해 당신의 부를 사용하라Use your affluence for your good influence"는 누군가의 조언처럼 물질을 올바르게 잘 사용해야 합니다.

그런 차원에서 교회의 모든 살림을 선교 중심으로 올인all in하고 올아웃all out 해야 합니다. 성경은 선교헌금의 가치에 대해서도 높은 평가를 내립니다. 빌립보서 4장 18절에는 우리가 드리는 선교헌금이 "하나님의 마음을 끝없이 흡족하게 해드리는 향기로운 제물과 같습니다"메시지성경라고 말씀합니다.

그러므로 돈을 성화시켜서 영적 성숙을 이루어 가야 합니다. 예수님을 내 경제생활의 최고 경영자CFO, chief financial officer로 모시고 살아야 합니다. 아울러 하나님께 부요한 자가 되고, 선한 사업에 부요한 자가 되어야 합니다. 주님께 바치는 일과, 가난한 자 구제와 선교사업을 위해 쓰는 것이야말로 하나님께 꾸어 드리는 투자가치가 있습니다.

> "가난한 자를 불쌍히 여기는 것은 여호와께 꾸어 드리는 것이니 그의
>
> 선행을 그에게 갚아 주시리라"_잠언 19:17(개역개정)

1. 사람들은 욕심으로 인해 돈에 집착하고 하나님보다 돈을 더 의지하기도 합니다. 우리는 신앙인으로서 돈에 대한 자세 역시 바로 잡을 수 있어야 합니다.

2. 돈을 성실하게 벌되 그 목적이 선하고 분명해야 합니다. 돈을 버는 방법 또한 깨끗해야 하며 돈을 버는 과정에서 누군가를 억울하게 해서는 안 됩니다.

3. 돈을 벌고 모으는 것보다 중요한 것은 돈을 어떻게 사용하느냐는 것입니다. 우리는 하나님께서 기뻐하시는 대로, 돈을 선용할 수 있어야 합니다.

7 그러므로 형제자매 여러분, 주님께서 오실 때까지 참고 견디십시오. 보십시오, 농부는 이른 비와 늦은 비가 땅에 내리기까지 오래 참으며, 땅의 귀한 소출을 기다립니다. **8** 여러분도 참으십시오. 마음을 굳게 하십시오. 주님께서 오실 때가 가깝습니다. **9** 형제자매 여러분, 심판을 받지 않으려거든, 서로 원망하지 마십시오. 보십시오. 심판하실 분께서 이미 문 앞에 서 계십니다. **10** 형제자매 여러분, 주님의 이름으로 예언한 예언자들을 고난과 인내의 본보기로 삼으십시오. **11** 보십시오. 참고 견딘 사람은 복되다고 우리는 생각합니다. 여러분은 욥이 어떻게 참고 견디었는지를 들었고, 또 주님께서 나중에 그에게 어떻게 하셨는지를 알고 있습니다. 주님은 가여워하시는 마음이 넘치고, 불쌍히 여기시는 마음이 크십니다.

SUMMIT OF MATURITY

견딤인내의
성자로
살아가기

Chapter 13

————— 설교의 황태자라 불리는 영국의 찰스 스펄전Charles Haddon Spurgeon 목사가 남긴 명언 중에 "달팽이는 끈기로 방주에 도착했다"라는 명문장이 있습니다. 곤충 중에서 속도가 매우 느린 달팽이가 노아의 방주에 들어간 비결은 끈기와 인내입니다. 때때로 빨리 가는 것도 좋지만, 멀리 가는 것이 더 중요합니다. 단순히 빨리 달성하는 것보다, 오래 누려야 더 유익합니다.

21세기 현대 문명의 치명적인 약점은 오래 참거나 기다리지를 못합니다. 인스턴트 제품을 먹고 살며 클릭 한 방으로 해결하는 데 익숙해지다 보니 이런 현상이 더욱 가중되고 있습니다. 못 참고, 못 기다립니다. 우리는 지금 속전속결, 광속도의 시대를 살고 있지만, 그런 중에도 견딤과 인내가 필요합니다. 일상에서도 이런 상황과 마주할 때가 많습니다. 하루에도 수없이 교차로나 횡단보도에서 적색 신호등이 녹색 신호등으로 바뀌기를 인내하며 기다립니다. 병원에 갔을 때에도 우선 번호표부터 뽑고 대기실에서 긴긴 시간을 기다립니다. 촉각을 다투는 환자들 역시 병 치료에 앞서 견딤의 성품 훈련부터 통과해야 합니다.

회사나 관공서에 전화할 경우에도 대기음이 나오는 대로 짧게는 몇 분, 길게는 수십 분 기다려야 통화가 가능합니다. 안내 멘트에 따라 인내심을 갖고 기다려야 합니다. 해외를 다녀올 때도 공항 출국과 입국 과정에서 오랜 시간을 기다리는 등, 일종의 훈련이 필요합니다. 그야말로 구약성경 하박국 2장 3절 말씀처럼, 비록 더딜지라도 '기다려야' 합니다.

기업가들이 성공에 이르는 것 역시 굴복하거나 포기하지 않고 버티며 견뎌낸 결과입니다. 그래서 "끈기가 있어야 운도 따른다"라고 말하기도 합니다. 서양 속담 그대로 '세계는 인내하는 자의 것'입니다.

희랍의 철학자 테유네스는 천국에 가서 하나님과 대화를 나누는 꿈을 꾸었습니다. "하나님, 당신에게 있어서 백만 년은 얼마큼의 길이입니까?" "하루와도 같다." "그럼, 황금 백만 근은 당신에게 얼마큼의 가치가 있습니까?" "티끌과 같다." "그렇다면 하나님, 당신에게 아무것도 아닌 티끌만한 황금을 나에게 주십시오." "좋다, 주겠다. 그러나 하루만 기다려라." 믿음은 기다림입니다. 하나님께서 대답하실 때까지, 주님께서 개입하실 때까지, 주께서 도우실 때까지, 주님께서 다시 오실 때까지 기다려야 합니다.

야고보서는 우리를 신앙적 성숙의 경지로 이끌어 주는 신약의 잠언입니다. 야고보는 우리가 예수님을 닮은 성숙한 성도가 되려면 '견딤과 인내의 성자'로 살아가야 함을 피력합니다. 얼마나 잘 참고 인내하느냐가 곧 그 사람의 내면적 성숙 지표입니다.

야고보서 5장 7절부터 11절의 짧은 말씀에서도 '참고 견뎌라'는 부탁을 여섯 번이나 반복합니다. 그렇다면 왜 우리 그리스도인들은 계속 참고 견뎌야 합니까? 신학적인 이유 두 가지를 제시합니다.

첫째는, 주님이 오셔서 심판하시기 때문입니다약 5:7-9. 성경은 주님이 다시 오셔서 심판하신다는 말씀을 1,835번이나 반복합니다. 우리 또한 사도신경을 통해서 "산 자와 죽은 자를 심판하러 오실 예수님을 믿는다"라고 매일 고백합니다.

주님은 다시 오시는 날, 선과 악을 반드시 심판하십니다. 모든 감추인 것까지 다 들추어내십니다. 그리고 모든 인간은 그리스도의 심판대 앞에 서게 됩니다고후 5:10. 그때 하나님은 크고 흰 보좌 앞에 선 인간을 이 땅에서 행한 대로 심판하십니다.

'우리가 한 일을 기준으로 심판하십니다마 16:27, 롬 2:6', '우리가 한 말을 기준으로 심판하십니다마 12:36-37', '우리가 한 생각을 기준으로 심판하십니다마 15:19, 20, 고전 4:5', '우리가 한 은밀한 일을 기준으로 심판하십니다전 12:14, 롬 2:16.'

주님의 심판은 머지않았습니다약 5:9. 우리는 오늘도 잠잠히 참고 견뎌야 합니다. 마르틴 루터는 이렇게 말한 바 있습니다. "나는 그리스도께서 어제 죽으셨고, 오늘 살아나셨으며, 내일 다시 오시듯이 설교한다."

둘째는, 주님이 오셔서 은혜를 베푸시기 때문입니다약 5:10-11. 예수님의 재림은 분명히 한 가지 사건이지만, 의미는 두 가지입니다. 죄인들에게는 심판의 날이요, 의인들에게는 구원의 날입니다. 불신자들에게는 진노의 날이지만, 신자들에게는 축복의 날입니다. 세상 사람들에게는 멸망의 날이지만, 성도들에게는 승리의 날입니다. 억압하던 자들에게는 패망의 날이지만, 억압당하던 자들에게는 환희의 날입니다.

성경은 "주님은 가장 자비하시고 긍휼이 풍성하신 자시니라"^{약 5:11}고 하시며 우리에게 다가올 결론을 아름답고 희망차게 선언합니다.

영광의 그날, 기쁨과 감격의 그날, 승리와 환희의 그날, 찬란한 그 아침을 바라보며 오늘의 고난과 아픔을 참고 견뎌 내야 합니다. 초대교회 성도들도 그 무서운 박해와 핍박과 고난을 견디면서 언제나 이렇게 인사했습니다. "마라나타! 주님이 오십니다."

미성숙한 자일수록 잘 참지 못합니다. 성급할수록 성숙하지 못합니다. 반면에 성숙한 자일수록 잘 견뎌냅니다. 견딤과 인내의 성자로 살아갑니다. 야고보서 1장 4절 말씀은 우리가 견딤과 인내의 성자가 될 수 있다고 격려합니다.

> "시련을 충분히 참고 견디십시오. 그러면 여러분은 성숙하고 잘 다듬
> 어진 사람, 어느 모로 보나 부족함이 없는 사람이 될 것입니다."
>
> _야고보서 1:4(메시지성경)

누구나 공감하듯, 우리는 견디는 만큼 잘 다듬어지고 갖추어진 합격 인생이 됩니다. 이것이 야고보서 결론에 이르는 영적 성숙 지표 메시지입니다. 야고보서는 실제적으로 '견딤과 인내의 성자 세 사람'을 표본으로 삼아 보라고 합니다. 바로 농부, 예언자, 그리고 구약시대 신앙의 위인

욥입니다. 그렇다면 우리에게 적용되는 원리는 무엇일까요?

1. 삶의 환경이 힘들어도 잘 견디는 성자

야고보는 인내의 표상으로 농부를 언급합니다.

> "농부는 귀한 추수를 바라고 참고 기다립니다. 그는 또한 이른 비와
> 늦은 비가 곡식을 촉촉이 적셔 주기를 기다립니다. 여러분도 인내심
> 을 갖고 희망을 버리지 마십시오. 주님께서 곧 오실 것입니다."
>
> _야고보서 5:7-8(쉬운성경)

농부가 농사를 짓는 환경은 녹록하지 않습니다. 토질 때문에 힘들 수 있고, 기후나 일기 변화, 즉 가뭄이나 장마, 태풍이라는 환경 때문에 농사짓기가 어려워지기도 합니다. 그럼에도 농부는 환경과 상황이 아무리 어렵고 힘들어도 잘 참고 견뎌냅니다. 인내하는 일에 있어 성자나 다름 없습니다. 특히 농부는 힘든 환경에서도 열심히 일을 합니다. 괭이질을 하며 땅을 고르고 씨앗을 뿌립니다. 물을 주고, 잡초를 뽑고, 비료를 줍니다. 애지중지 돌보며 추수하기까지 인내합니다. 농부는 서두르지도 않습니다. 기쁘게 추수하는 그날까지 견딤의 성자로 살아갑니다.

우리는 견디고 기다리면 때가 온다는 것을 기억해야 합니다. 분명 심을 때가 있으면 거둘 때가 있습니다. 뿌릴 때가 있으면 모을 때가 있습니다. 울 때가 있으면 웃을 날도 있습니다. 슬퍼할 때가 있으면 춤출 때도 있습니다. 낮추실 때가 있으면 높이실 때도 있습니다. 밤이 깊을수록 희망의 새 아침이 밝아옵니다.

우리는 요즘 어떤 환경에 처해 있습니까? 지금처럼 걷잡을 수 없이 소용돌이치는 경기침체 환경에선 사업장을 이끌어 가는 것도 매우 힘들 것입니다. 하지만 인생의 악천후 환경일수록 우리는 농부처럼 인내와 견딤의 성자로 살아가야 합니다. 농부가 뜨거운 불볕더위를 견디듯이, 우리도 열을 받게 되는 환경을 잘 이겨내야 합니다. 농부가 태풍이라는 불가항력적 환경을 이겨내듯이, 우리도 인생의 모진 풍파를 견뎌야 합니다.

2. 일의 성취가 오래 걸려도 잘 견디는 성자

두 번째로 야고보는 예언자를 표상으로 오래 참음과 견딤을 제시합니다.

"형제 여러분, 주님의 말씀을 전하던 예언자들을 본받으십시오. 그들은 많은 고난을 겪으면서도 오래 참았습니다. 그렇게 참아낸 자들을 우리는 복되다고 말하는 것입니다." _야고보서 5:10-11(쉬운성경)

'오래 참음'이라는 헬라어는 '마크로뒤미아μακροθυμία'로 어떤 물건이 뜨거워지기까지는 오래 걸린다는 뜻을 담고 있습니다. 현대를 살아가는 우리는 속성보다는 숙성을 터득해가야 합니다. 예언자는 오랜 세월이 지나야 이루어질 일을 예언하고, 그 성취를 기다리는 성자입니다. 대부분의 예언자들은 자신이 선포한 예언이 이루어지기까지 수십, 수백 년을 기다려야 했습니다. 예수님은 성경에 등장하는 예언자들은 인내의 어두운 밤을 통과한 성자라고 칭찬해 주십니다마 5:11-12.

오랫동안 기도하고 있는데도 아직 응답이 이루어지지 않고 있습니까? 지금 당장 응답되지 않는다 할지라도, 믿음의 기도는 반드시 성취될 줄 확신해야 합니다. 부모로서 수많은 희생을 치르며 최선을 다하고 있는데 자녀에게 어떤 열매가 나타나지 않고 있습니까? 회사에서 프로젝트를 성취하기 위해 최선을 다하고 있는데, 아직 답보 상태에 있습니까?

예전에 통일민 목회자 수련회를 할 때, 송도에 '송해온'이라는 온천사우나를 가게 되었습니다. '송해온'은 송도의 해수 온천이라는 뜻입니다. 그 온천의 소유자는 선교를 위해 크게 헌신하시는 장로님이신데. 우연히

목욕탕에서 만났습니다. 그분은 해수목욕탕을 개발하기 위해 관정 업체를 동원하여 자그마치 950미터 깊이까지 땅속을 뚫고 내려갔는데, 물이 나오지 않았다고 했습니다. 그때 관정 전문가들은 포기하라고 했으나 장로님께선 조금만 더 파고 내려가 보자고 했고 결국 963미터에서 온천수가 터졌다고 합니다. 불과 13미터를 더 뚫고 내렸을 뿐인데 대박이 난 것입니다.

우리도 일이 성취되기까지 예상보다 늦게 지연되더라도 인내의 승리자, 견딤의 성자로 승리해야 합니다.

3. 인생의 해법이 보이지 않아도 잘 견디는 성자

야고보는 우리가 표본 삼아야 할 견딤의 성자 한 사람을 더 소개합니다. 구약시대 믿음의 위인 욥입니다. 성경은 견인불굴의 신앙으로 승리한 욥을 거울로 삼자고 권면합니다.

> "욥은 슬픔을 이기며 끝까지 주님을 믿은 사람의 모범입니다. 욥이
> 겪어 낸 일을 보고 우리는 주님의 계획이 축복으로 끝난다는 것을 알
> 게 되었습니다. 주께서는 한없는 은총과 자비를 베푸시는 분입니다."

욥의 인생은 파란만장했습니다. 인생의 해법이 보이지 않았습니다. 재난과 우환이 꼬리에 꼬리를 물고 악순환이 계속되었습니다. 어느 날 갑자기 가진 재산 전부를 잃었고, 자식도 잃고, 자기 자신의 건강과 명예마저도 한꺼번에 다 잃었습니다. 그는 자신이 잃을 수 있는 모든 것을 잃었습니다. 그에게 남아 있는 것은 아무것도 없었습니다.

아무리 생각해도 하나님께서 이렇게까지 하실 수 있는가 납득이 가지 않았습니다. 욥은 너무나도 답답하여 하나님께 여러 번 항변하였습니다. 그러나 하나님은 그의 불행에 대하여 한마디도 대답하지 않으셨습니다. 그럼에도 그는 끝까지 인내하고 견뎌냈습니다.

어떤 영어성경에서는 욥이야말로 '버티는 힘staying power' 곧 자기를 잘 지탱하는 힘을 가진 자라고 표현합니다. '견고함steadfastness'이라는 단어를 동원하며 흔들리지 않고 견인불굴의 신앙으로 살았음을 천명합니다. 한마디로 욥은 견딤의 성자입니다.

요즘 어떤 어려움을 겪고 계십니까? 어떤 문제가 계속 악순환 되고 있습니까? 지금 처한 모든 환경과 상황에 그 어떤 해법도 보이지 않을 수 있습니다. 이런 소용돌이에서는 우리가 백방으로 노력해도 아무런 해법이 안 보이고, 악순환만 계속될지도 모릅니다. 이럴수록 우리에게 절대적으로 필요한 것이 있습니다. 그것은 우리의 견딤과 인내심을 뛰어넘어, 오직 하나님의 은총과 긍휼을 의지하는 것입니다. 성경은 단순히 욥의 인내와 견딤만을 강조하고 있지 않습니다. 하나님의 자비와 긍휼을 더욱 피력합니다.

성경은 때때로 논리적 전개를 뛰어넘어 비약으로 결론짓습니다.

"우리는 주님의 계획이 축복으로 끝난다는 것을 알게 되었습니다. 주께서는 한없는 은총과 자비를 베푸시는 분입니다."

_야고보서 5:11(현대어성경)

성경은 우리의 인내와 견딤보다 하나님의 은총과 자비를 역설합니다. 오늘도 하나님은 삶의 현장에서 고생하며 버티고 있는 우리를 긍휼과 자비로 보살펴 주십니다. 이 점이 야고보서의 멋진 피날레입니다. 우리를 불쌍히 여기시고 긍휼히 여기시는 주님께서 반드시 복된 결말을 보게 해 주십니다. 그러므로 우리가 할 일은 주님의 긍휼을 호소하는 것뿐입니다. 오늘도 하나님은 힘든 삶의 현실에서 신음하며 애태우는 우리에게 은혜의 빗줄기를 부어 주십니다. 우리는 조급할 필요가 없습니다. 포기하지도, 주저앉지도 말아야 합니다.

　기도와 성령의 사람인 엔드류 머레이Andrew Murray는 이렇게 격려합니다. "하나님은 때때로 왜 지체하시는가? 하나님이 지체하실 때마다 우리에게 갑절의 복을 준비하고 계신다." 하나님이 지금 잠잠하시다고 해서 가만히 계신 것은 아닙니다. 우리가 기다리고 있는 동안, 하나님은 역사하고 계십니다While I am waiting, God is working. 주님은 여전히 우리에게 복된 결말을 안겨 주십니다.

　우리가 믿음이 좋아서 성자가 되는 것이 아닙니다. 하나님께서 긍휼로 도와주시는 덕분입니다. 성경은 오늘도 잘 버티고 견디는 자에게 "우리가 주님과 함께 참고 견디면 주님과 함께 왕 노릇할 것입니다"딤후 2:12라고 미래 보상을 약속해 줍니다. 이 약속을 기대하며 우리 모두 견딤과 인내의 성자로 살아갈 수 있길 바랍니다.

1. 신앙적 성숙에 이르기 위해 인내하고 견뎌야 합니다. 의롭게 심판하시는 주님의 때, 의인에게 은혜와 구원을 베푸시는 때가 멀지 않았음을 기억해야 합니다.

2. 농사를 위해선 때에 맞춰 기다리고 견뎌야 하는 것처럼 우리에게도 하나님이 정하신 때가 있음을 상기하며 버텨야 합니다. 성취되기까지 시간이 오래 걸린다 할지라도 인내해야 합니다.

3. 도무지 답이 보이지 않는 상황에서도 하나님의 자비와 긍휼을 의지했던 욥처럼 우리도 하나님을 향한 전적인 신뢰로 인내의 시간을 보내야 합니다.

12 내 형제 여러분. 맹세하지 마십시오. 하늘이나 땅이나 혹은 그 밖에 다른 것의 이름을 들어 여러분의 말을 증명하려 들지 마십시오. 맞는 것은 그냥 "맞다"라고 말하고, 아닌 것은 그냥 "아니다"라고 말하여 하나님의 심판을 피하시기 바랍니다. **13** 여러분 가운데 고난당하는 사람이 있다면 기도하십시오. 즐거운 사람이 있다면 찬송하십시오. **14** 병든 자가 있습니까? 교회의 장로들을 불러 주님의 이름으로 그에게 기름을 바르며 그를 위해 기도하게 하십시오. **15** 믿음을 가지고 하는 기도는 병든 사람을 낫게 할 것입니다. 주님께서 그를 치료해 주실 것입니다. 만일 그가 죄를 지었더라도, 그를 용서해 주실 것입니다. **16** 서로 죄를 고백하며, 병 낫기를 위해 서로 기도해 주십시오. 의로운 사람이 기도할 때, 큰 역사가 일어납니다. **17** 엘리야도 우리와 같은 사람이었습니다. 그가 비가 오지 않기를 간구했더니, 삼 년 반 동안, 그 땅에 비가 오지 않았습니다. **18** 그후, 다시 기도하자 하늘에서 비가 쏟아졌고, 땅에서 다시 곡식이 자랐습니다. **19** 내 형제 여러분. 여러분 가운데 어떤 사람이 진리에서 떠나 헤매고 있을 때, 누군가가 그를 잘못된 길에서 다시 돌아오게 했다면, **20** 그는 죄인의 영혼을 사망에서 구원한 것이며, 이로써 그 사람의 많은 죄도 용서를 받게 한 것입니다.

SUMMIT OF MATURITY

중보기도로
영적 성숙의
최고봉을 이루자

─────── 4세기 콘스탄티노플의 감독이었던 요한 크리소스톰은 기도의 위력에 대해서 이렇게 강력하게 정의해 줍니다. "기도는 인간의 나약을 하나님의 능력으로, 인간의 무지를 하나님의 지혜로, 인간의 공허를 하나님의 충만함으로, 인간의 빈곤을 하나님의 부요로, 인간의 무능을 하나님의 전능으로 전환케 한다. 즉 기도의 능력은 화력을 능가한다. 분노하는 사자를 제어하며, 무질서를 평정케 하며, 난리를 그치게 하고, 폭풍우를 잔잔케 하고, 악신을 내쫓으며, 죽음의 사슬을 끊어버리며, 천국 문을 확장시키고, 질병을 완화시키고, 거짓을 없애고, 파멸의 위기에 처한 도성을 구하며, 태양이 제 궤도에 멈춰 있게 하며, 벼락 치는 것을 막게 한다. 그곳에는 모두 충분히 잘 갖춰져 있

다. 기도는 만능의 갑옷이요, 값이 떨어지지 않는 보화이며, 마르지 않는 광산이며, 어떤 구름으로도 흐려지지 않는 파란 창공이요, 폭풍우로도 구겨지지 않는 하늘이다. 기도는 뿌리요, 지반이요, 한량없는 축복의 어머니다.”

기도는 만사를 푸는 능력을 가지고 있습니다. 기도는 모든 것을 가능케 합니다. 기도는 무능한 자를 유력한 자로 만들고, 연약한 자를 강력한 자가 되게 하며, 무명의 사람을 유명한 자로, 불행한 사람을 행복한 성공자로, 초라한 소인을 위대한 거인으로 전환시켜 줍니다. 기도는 우주에서 가장 상한 힘입니다. 우리를 건강하게 해 주는 능력입니다. 약함을 극복하게 하고 한계를 뛰어넘게 합니다. 그만큼 기도는 자기 역량 이상으로 살게 해 줍니다.

『무릎으로 사는 그리스도인』이라는 책을 쓴 익명의 저자는 현대 그리스도인들에게 이런 도전을 줍니다. “어찌하여 수많은 그리스도인은 그토록 자주 좌절되는가? 그 이유는 기도를 너무 적게 하기 때문이다. 어찌하여 수많은 교회 봉사자는 그토록 자주 용기를 잃고 낙심하는가? 그 이유는 기도를 너무 적게 하기 때문이다. 어찌하여 현대 교회들은 하나님을 향한 뜨거운 불이 꺼져 있는가? 그 이유는 진실한 기도가 너무 적기 때문이다. 우리가 분명히 알 것은 모든 실패의 요인은 은밀한 기도의 결핍이라는 점이다."

그리스도인들이 가장 우선해야 할 일 중에서 기도보다 더 근본적인 것은 없습니다. 그럼에도 기도보다 더 무시되고 있는 것도 없습니다. 대부분의 사람은 기도의 실천을 피곤케 하는 종교의식으로 간주하고 기도를 최대한 축소시키려고 합니다. 심지어 그런 모습을 정당화시키고 있습니다.

그는 계속하여 이렇게 충고합니다. "아침부터 저녁까지 그리스도를 위해 일할 수도 있고, 성경공부로 장시간을 소요할 수도 있다. 또한 우리는 전도와 개인적인 교제에서도 가장 열렬하고 진실하며 가장 마음에 들게 할 수도 있다. 그러나 이 가운데 어느 한 가지도 깊은 기도가 없는 한 진정한 효력이 없다." 사실은 수많은 사건과 모든 일들이 다 기도에 의해서 좌우됩니다. 그런 측면에서 볼 때 훌륭한 그리스도인의 공통적 특징은 모두가 기도의 사람들이라는 점입니다.

야고보는 그리스도인의 영적 성숙 지표로 '기도'를 강조합니다. 인생의 어떤 문제도 기도로 극복해 나가라는 지침을 줍니다. 그는 야고보서 1장 서론을 시작하면서 기도부터 강조합니다. 5장 결론에서도 기도의 사람으로 성숙해 가자는 가르침을 주며 대미를 이룹니다. 기도로 시작하여

기도로 끝을 맺습니다. 그가 이렇게 선언하는 것은 자신이 기도의 사람이었기 때문입니다. 역사학자 요세푸스에 의하면, 그의 별명은 '늙은 낙타 무릎'입니다. 그가 얼마나 무릎 꿇고 기도했던지 그의 무릎이 늙은 낙타 무릎처럼 구부러졌다고 합니다.

"어떤 그리스도인도 자기의 기도생활 이상으로는 성장하지 못한다"라는 말처럼 사람은 누구든지 기도하는 만큼 커질 수 있습니다. 기도가 그 사람을 대인이 되게 해 줍니다. 영적 성숙 지침서를 쓴 야고보 또한 5장 결론에서 '기도'를 일곱 번이나 반복하며 피력합니다. 교회 공동체 구성원 모두가 시노의 사람으로 살아가자고 호소합니다. 이는 곧 중보기도자로 영적 성숙의 최고봉summit을 이루라는 지침입니다.

야고보서 5장 12절에서 13절은 매우 대칭적 구조를 이룹니다. 어떤 사건이나 문제가 생겼을 때 말을 함부로 내뱉지 말고, 그 대신 무릎 꿇고 기도로 풀어가라고 합니다. 야고보 사도는 아주 따끔하게 일침을 가합니다. "말을 많이 하지 말고, 기도를 많이 하라." 이렇듯 야고보서가 제시하는 영적 성숙의 최고봉은 중보기도입니다. 나 중심의 기도에서 이웃 중심의 기도로 성숙해 가야 하는 것입니다. 성경이 제시하는 중보기도를 총정리하면 다음과 같습니다.

1. 우리 모두 중보기도가 필요하다

> "여러분 가운데 고난당하는 사람이 있으면 기도하십시오. 즐거운 사
> 람이 있다면 찬송하십시오."_야고보서 5:13(쉬운성경)

'여러분'이라는 단어는 교회 공동체를 말합니다. 교회 안에서 누군가가 어려움을 겪게 되면 함께 기도해 주라는 지침입니다. 우리가 서로를 돕는 여러 방법 중 최고는 '기도 지원'입니다.

이 말씀은 매우 실제적입니다. 우리가 함께 찬양하듯이 함께 기도하라는 것입니다. 영어성경을 보면 "happy & praising. hardship & pray"로 되어 있습니다. 즐거운 일이 있으면 함께 찬양하듯이, 힘든 상황에 있는 자를 위해 함께 기도해 주라는 것입니다.

영국의 훌륭한 신학자 윌리엄 바클레이는 중보기도의 필요성을 이렇게 말합니다. "우리는 중보기도를 통해서 세상 사람들을 하나님의 축복과 도우심을 받도록 인도합니다. 따라서 우리는 마음이 상하고 병든 자와 하나님의 은총이 필요하다고 생각되는 모든 사람을 기도로 지원해야 합니다." 이처럼 우리는 서로가 서로를 위해 중보기도를 해 주어야 합니다. 이는 모두에게 필요한 일입니다.

2. 우리 모두 중보기도를 부탁하자

"여러분 가운데 병든 사람이 있으면 교회의 장로들을 초청해 주의 이름으로 기름을 붓고 그를 위해 기도하게 하십시오."

_야고보서 5:14(우리말성경)

야고보서는 우리가 교회 생활을 복되게 할 수 있는 비결을 가르쳐 줍니다. 혼자서 고군분투하지 말고, 영적 지도자들의 지원을 받으라고 합니다.

이는 대단히 현실적인 말씀입니다. 요즘 현대인들의 가장 보편적인 현상 중 하나는 질병 문제입니다. 몸에 약간의 이상이 있어 병원에 가서 정밀 검사를 받아보면, 대부분이 악성 질환으로 판명 받습니다. 이런 현상에서 야고보 사도는 우리에게 아주 단순하게 호소합니다. 인생을 살다가 혹시 병으로 고생하게 되는 경우, 교회에 중보기도를 부탁하라고 합니다. 물론 성경은 의학적 치료를 무시하거나 경시하지 않습니다. 그러나 대부분의 병은 치료가 만만치 않기 때문에 더욱 기도가 필요함을 역설합니다. 이 세상에서 가장 좋은 부탁은 '기도 요청'입니다롬 15:30, 살전 5:25. 영적 지도자 사도 바울과 같은 위인도 자주 중보기도를 부탁하는 모습을 보여 줍니다.

스스로에게 물어보는 시간을 가져 봅시다. "내 주변에는 몇 명의 중보기도자가 있는가? 과연 몇 사람에게 부담 없이 기도를 부탁할 수 있는가?" 내 주변의 친구나 지인 중 최고의 상대는 '기도 동역자prayer partner'입니다. 나를 위해 기도해 주는 자가 많은 사람이 진정으로 부유한 인생을 살고 있는 것입니다.

1945년 4월 12일 제 2차 세계대전이 막바지로 치닫던 무렵 미국 제32대 대통령 프랭클린 루스벨트Franklin D. Roosevelt가 갑작스럽게 사망했고 이후로 해리 트루먼Harry S. Truman이 대통령직을 맡게 되었습니다. 너무나 큰 부담을 안은 트루먼은 당시 기자들에게 이렇게 부탁했습니다. "하늘의 달과 별들과 모든 행성이 나에게 떨어지는 것 같았습니다. 여러분, 만약 일생에 한 번이라도 기도한다면, 지금 나를 위해 기도해 주십시오." 우리도 서로 이렇게 간곡한 심정으로 기도를 부탁하며 살아가야 합니다. "저는 당신의 중보기도가 필요합니다. 저를 위해 꼭 기도해 주세요"라고 요청해야 합니다.

3. 우리 모두 중보기도를 함께하자

"믿음을 가지고 하는 기도는 병든 사람을 낫게 할 것입니다. 주님께

서 그를 치료해 주실 것입니다. 만일 그가 죄를 지었더라도, 그를 용

서해 주실 것입니다." _야고보서 5:15(쉬운성경)

모든 병이 죄를 지어서 생기는 것은 아닙니다. 그렇지만 혹시 죄 때문에 발생한 병이 있을 수 있는데 이때도 함께 중보기도하면 하나님께서 고쳐 주실 수 있습니다. 그런 희망을 가져야 합니다.

교회 지도자들은 중보기도를 부탁받았을 때 믿음으로 기도해 주어야 합니다. 교회에 기도 요청을 한 사람을 위해 순수한 믿음으로 기도해 주어야 합니다. 우리가 함께 한 마음으로 중보기도하면 놀라운 역사가 일어납니다. 예수님께서 어떤 중풍병자를 고쳐 주셨을 때도 "그들의 믿음을 보시고, 그를 고쳐 주셨다"마 9:2라고 하셨습니다.

우리가 중보기도하는 만큼 주님께서 큰 자비를 베풀어 주십니다. 그래서 독일의 순교자 본회퍼는 중보기도의 효력을 이렇게 상큼하게 정의해 줍니다. "중보기도는 자신과 이웃을 깨끗하게 하는 거룩한 목욕이다." 우리의 순수한 중보기도로 죄 사함도 받고, 병도 고침 받는 놀라운 기적이 일어납니다. 우리가 함께 중보기도하는 만큼 우리 모두에게 큰 역사가 일어난다는 사실을 믿어야 합니다.

4. 우리의 중보기도는 능력이 있다

"그러므로 서로 죄를 고백하고 병 낫기를 위해 서로 기도하십시오.
의인의 기도는 역사하는 힘이 큽니다." _야고보서 5:16(우리말성경)

우리가 함께 기도할수록 하나님께서 기쁘게 응답하십니다. 그리고 큰
능력으로 역사하십니다. '역사하는 힘이 크다'라는 헬라어는 '엄청난 에
너지가 나오게 한다'라는 뜻입니다. 에너지가 용암처럼 솟구쳐 나도록
힘을 주십니다. 이것이 중보기도의 능력입니다.

제레미 테일러Jeremy Taylor는 이렇게 말합니다. "거룩한 사람의 기도는
하나님의 분노를 가라앉히며 유혹을 물리치고 마귀를 대적하여 이기며
천사의 섬김과 도움을 받으며 하나님의 작정을 변경시킨다. 기도는 병자
를 치유시키고 죄 사함을 얻어내며, 태양을 그 궤도에 머물러 있게도 하
고 달을 제자리에 서게도 한다. 기도는 하나님을 기쁘시게 하고 우리의
모든 필요를 충족시켜 준다."

16절에서 사용하는 '병'이라는 용어는 '절망적인 질병, 치명적인 질환'
을 뜻합니다. 성경을 보면, 예수님이 친구로 삼았던 나사로가 죽을병이
들었을 때 이 단어를 사용합니다. 그런데 우리가 함께 중보기도를 하면

하나님께서 엄청난 에너지를 발산하여 고쳐 주십니다. 심지어 그 사람의 죄까지도 용서해 주시고, 병을 낫게 하십니다.

오늘 우리가 당면하고 있는 사소한 문제가 무엇이든, 기도로 해결 받을 수 있음을 믿어야 합니다. 모든 방법을 다 동원하되 기도가 우선되어야 합니다. 특히 일이 잘 안 되는 이유 중에 죄 문제가 걸려있다면 회개하므로 하나님의 역사하심을 체험해야 합니다.

야고보는 중보기도의 능력을 공감할 수 있도록 구약시대 인물 엘리야를 상기시켜 줍니다.

> "엘리야도 우리와 같은 사람이었습니다. 그가 비가 오지 않기를 간구했더니, 삼 년 반 동안, 그 땅에 비가 오지 않았습니다. 그 후, 다시 기도하자 하늘에서 비가 쏟아졌고, 땅에서 다시 곡식이 자랐습니다."
>
> _야고보서 5:17-18(쉬운성경)

이는 기도의 놀라운 능력입니다. Prayer & Power입니다. 기도와 기적은 쌍둥이입니다. 엘리야는 기도로 하늘을 닫았고, 기도로 하늘을 열었습니다. 우리도 기도로 환난의 세력을 막아주고, 또한 기도로 미래지평을 열어갈 수 있습니다.

중보기도가 얼마나 큰 힘을 가졌는지 야고보서는 대미를 통해 더욱 분명하게 강조합니다.

> "내 형제 여러분, 여러분 가운데 어떤 사람이 진리에서 떠나 헤매고 있을 때, 누군가가 그를 잘못된 길에서 다시 돌아오게 했다면, 그는 죄인의 영혼을 사망에서 구원한 것이며, 이로써 그 사람의 많은 죄도 용서를 받게 한 것입니다." _야고보서 5:19-20(쉬운성경)

기도가 만능이라고는 하지만 항상 쉬운 것만은 아닙니다. 사건을 해결하는 데는 쉽지만, 사람을 움직이는 일은 결코 쉽지 않습니다. 더구나 신앙생활하다가 탈선한 사람을 돌아서게 하는 일이야말로 정말 어려운 과제입니다. 그러나 기도의 위력은 그 어떠한 사람도 돌같이 굳은 마음을 살처럼 부드럽게 바꾸어 놓을 수 있습니다. 중보기도는 영혼을 구원하는 놀라운 능력을 발휘합니다.

여기 '미혹된 자, 떠난 자'라는 단어는 영어로 'Planet'인데, '떠돌이, 이탈자, 방랑자'를 뜻합니다. 여러 가지 핑계로 교회를 떠난 자, 신앙생활을 방랑하고 있는 가나안 신자를 말합니다. 그런데 우리가 그들을 비판하거나 포기하지 않고 기도하면, 그들이 다시 돌아오는 놀라운 역사가 일어납니다. 그야말로 희망의 무지개 복음입니다.

메시지성경에서는 첫째, 그들의 이름을 삭제하지 말라Don't write them off, 둘째, 그들을 찾아가라Go after them, 셋째, 그들을 돌아오게 하라Get them back는 표현을 통해 아주 실제적인 번역을 합니다.

어떤 분이 교회를 잘 나오지 않는다고 하여 함부로 교인명부를 지우지 말고, 오히려 적극적으로 찾아가서 돌아오게 하라는 지침을 주고 있습니다. 그들의 이름을 교인명부에서 삭제하지 말고, 기도명부에 올려야 합니다. 교회가 잃어버린 영혼을 위해 중보기도하는 만큼 신앙생활과 교회를 떠났던 사람들이 다시 돌아오는 큰 부흥의 역사가 일어납니다. 우리의 중보기도는 하나님을 멀리 떠난 사람을 다시 하나님께로 돌아오게 만드는 엄청난 효과를 가지고 있습니다.

20절 말씀에 '그의 영혼을 구하는 것이다'라는 표현은 '영혼을 얻는다soul winning'라는 뜻을 담고 있습니다. 우리의 중보기도는 몸의 구원soma sojo, 15절과 함께 영의 구원soul sojo, 20절도 이루어 냅니다.

설교의 황태자 찰스 스펄전 목사는 우리에게 이런 용기와 도전을 줍니다. "중보기도가 할 수 없는 일이란 아무것도 없습니다. 성도 여러분! 여러분은 수중에 강력한 엔진을 갖고 있습니다. 그것을 잘 사용하십시오. 끊임없이 사용하십시오. 지금 믿음으로 사용하십시오." 구세군 교회 창설자인 윌리엄 부스William Booth도 중요한 충고를 전합니다. "모든 것이 당신에게 달린 것처럼 일하고, 모든 것이 당신의 기도에 달린 것처럼 기도하십시오." 그래서 우리가 중보기도를 하는 만큼 하늘의 강력한 엔진이 가동하여 고난당하는 자가 환난에서 벗어날 것입니다. 병든 자가 고침받을 것입니다. 무엇보다도, 교회와 주님을 떠난 자가 돌아오는 큰 역사가 일어날 것입니다.

성경을 보면, 베드로와 제자들이 회개하고 돌아오게 된 것도 예수님의 중보기도 덕분입니다눅 22장. 예수님은 십자가에 못 박혀 죽으실 때에도 자기를 위해 기도하기보다는, 인류구원을 위해 장엄한 중보기도를 드리셨습니다. 그야말로 영적 성숙의 최고봉을 이루시는 표상을 보여 주셨습니다.

예수님은 지금도 하늘에서 우리를 위해 중보기도하고 계십니다. 로마서 8장 34절에 "예수님은 하나님 오른편에 앉아 계시면서 우리를 위해 중보기도를 하고 계십니다"쉬운성경라는 말씀을 통해 생생하게 보여 줍니다.

지금 이 순간에도 예수님은 하나님 오른편에 앉아 계시면서 우리를 위해 중보기도를 하고 계십니다. 우리도 예수님을 본받아 중보기도로 영적 성숙의 최고봉을 지향하며 살아가야 합니다.

1. 기도는 모든 것을 가능케 하는 힘이자, 그리스도인의 영적 성숙 지표입니다. 야고보서는 우리에게 인생의 어떤 문제라도 기도로 해결해 나갈 수 있음을 강조합니다.

2. 영적 성숙의 최고봉인 중보기도를 해야 합니다. 또한 나에게 위기가 찾아왔을 때는 중보기도의 능력을 믿고 남에게 기도를 부탁할 수도 있어야 합니다.

3. 함께 드리는 중보기도에 놀라운 능력이 있음을 믿고 영혼을 구원하는 일을 위해서도 중보기도로 나아가야 합니다. 기도하는 만큼 하나님은 우리 삶에 놀라운 능력을 베푸십니다.

성숙의 최고봉

초판 1쇄 발행 | 2023년 11월 10일
초판 3쇄 발행 | 2024년 6월 21일

지 은 이 | 조봉희

발 행 인 | 이영훈
편 집 인 | 홍영기
펴 낸 곳 | 교회성장연구소

등록번호 | 제12-177호
주　　소 | 서울시 영등포구 은행로 59, 4층
전　　화 | 02-2036-7936
팩　　스 | 02-2036-7910
홈페이지 | www.pastor21.net

I S B N | 978-89-8304-360-3 03230

"무슨 일을 하든지 마음을 다하여 주께 하듯 하라." 골 3:23

교회성장연구소는 한국 모든 교회가 건강한 교회성장을 이루어 하나님 나라에 영광을 돌리는 일꾼으로 성장하는 것을 목표로, 목회자의 사역은 물론 성도들의 영적 성장을 도울 수 있는 필독서를 출간하고 있다. 주를 섬기는 사명감을 바탕으로 모든 사역의 시작과 끝을 기도로 임하며 사람 중심이 아닌 하나님 중심으로 경영한다. "무슨 일을 하든지 마음을 다하여 주께 하듯 하라"는 말씀을 늘 마음에 새겨 하나님께서 주신 사명을 기쁨으로 감당한다.